早稲田社会学ブックレット

[現代社会学のトピックス　6]

柄本　三代子

# リスクと日常生活



学　文　社

# はじめに

　私たちの日常生活の中で「リスク」という言葉を耳にしたり口にしたりすることは、珍しいことではない。日々の生活において、何らかの「リスク」をまったく意識せず、あるいは語らないでいることは、なかなか難しい。「私たちの日常生活にリスクが潜んでいる」と言ったとして、それを否定することは誰しもにとって容易なことではなくなってきているのではないだろうか。

　そしてこのブックレットのタイトルは「日常生活とリスク」である。日常を生きる私たちにとって、先述のように、もはやあたり前のように存在しつつある「リスク」について本書で何が語られようとしているのだろうか。それは、リスクとして語られているものはいったい何なのかということでもあり、リスクによって語られる日常生活とはいったい何なのかということでもある。

　それと同時に本書では、「専門家や科学者やエライ人の言うことを黙って従順に信じていればいいのに信じられないその人がオカシイ、ダメだ、リスクに正しく配慮せよ」というような、個人を批判したり反省を促したりすることを「何よりも先にまずやる」という行動や現象について、ここで批判的に考えてみようとしている。

「自分で判断させない」「自分の感覚を信じられなくする」そういう状況について考えてみることが重要なのだ。つまり、日々肥大化し、高度消費社会のシステムに非常に巧みに組み込まれていく専門家システムに、自分の経験や感情や身体をゆだねてしまうことが起こってきている。これをイギリスの社会学者ギデンズは「白紙委任」とよんだ。自分で考えて行動するよりも、専門家や科学者のような人びとに我が身をゆだね、すでに選択肢として提示されているモノを選び取った方が効率的である。これをアメリカの社会学者リッツアは「マクドナルド化する社会」と称した。かつてドイツの社会学者ウェーヴァーが「鉄の檻」と呼んだ状況がさらにすすんだものとしてアメリカ社会を分析して見せたのだ。

専門家が判断してその判断にもろもろのことを丸投げする、というような合理性の追求はどのような形式でどのような領域にどのような理由で生じてきているのか。そういったことに目を向けていく必要がある。そしてリスクを原動力とした欲望喚起装置について考える必要がある。リスク社会と高度消費社会は、互いに互いを必要としている。

二〇〇九年十一月

著　者

目次

# 第一章

# リスクを論じるということ

## 一　「リスク」とは何か

リスクという言葉自体は専門用語というわけではないし、特に珍しいわけでもなく日常的に使用されているといってよいだろう。特段に難しいことを論じようとしているわけでもない場面で、「リスク」という言葉を使用することも多くなってきている。このことは裏を返せば、何事においても普通にリスクという言葉が使用されるようになってきているということを意味しているのではないだろうか。リスクという言葉が、何かを説明するのに、あるいは何かを指摘しようとする際に非常に便利だからだろうか。あるいは、リスクという言葉が使用される状況を解する下地が、人びとの間にすでに出来上がっているからだろうか。つまり、言葉の使用の背

**『リスク社会』（ベック著）**

オリジナルはドイツ語で書かれており、Risiko をリスク、Gefahr を危険と訳すのが通例となっている。日本語翻訳本では、Risikogesellschaft を危険社会、また Risiko を危険と訳しているが、ここではそれぞれリスク社会、リスクと訳した。ちなみに英語の翻訳本ではそれぞれ risk society、risk と訳されている。

景には、その使用によって何かを指摘しようという何らかの着眼点が含まれているはずであり、また何らかの共通認識がそこに含まれているということであろう。

ともかく、『日常生活とリスク』というタイトルのこのブックレットは、リスクとは何か、という問いから始めなければならない。対象をどうとらえるかによって研究方法も違ってくる。リスクとは何かという問いは、リスクをどのように理解すべきか、またあるいはリスクをどのような立場から眺めているのか、という問いと表裏一体である。このことは一見自明なことのように思われるかもしれないが（あるいは立場によっては、そのようなことを問うこと自体奇妙に思われるかもしれない）、社会学的には重要な問いである。

代表的なリスクの定義を、まず、ここでひとつ挙げてみよう。たとえば、リスクについて「生命の安全や健康、資産や環境に、危険や傷害など望ましくない事象を発生させる確率、ないし期待損失」という定義がある（日本リスク研究学会編、二〇〇六）。すなわち、「現在」においては発生していない事象についての、発生する確率あるいは予期を意味している。

また、『リスク社会』を著したドイツの社会学者ベックは、次のようにリスクについて述べている。「リスクの意識の根源は現在にあるのではなく、未来にある。リスク社会において、過去は現在に対する決定力を失う。決定権を持つのは未来である。非実在的なもの、虚構のもの、擬制的なものこそが、現在の経験や行動の『原因』と言い換えてもよい。今日われわれは、明日の問題であるリスクを防止し、和らげ、対策を考えるために行動を起こす」（四七頁）。いずれにせよ、リスクという概念は常に時間性とかかわりがある。過去と現在と未来とをつなぐ線上でもろもろのリスクが理解され意識されることとなる。リスクとは未来における可能性を示唆するものであって、未来において起こるかもしれないし起こらないかもしれないのである。要するにリスクとは、「未来にかかわる確率」を意味するものであることをまずここで確認しておこう。

しかも、「今日の文明生活のリスクは、通常、知覚できるものでない。むしろ化学や物理学の記号の形でしか認識されないのである（たとえば、食品に含まれる有害物質、原子力による脅威）」（二七頁）。このようなリスクを「新しいタイプのリスク」とベックはよんでいる。したがって、見えないリスクをリスクとして知らしめるためには可視化する必要が出てくるし、その可視化のために大いに威力を発揮するのが科学の言葉であり科学的知覚器官というものなのだ。それらがどのように使用されるのか、ということも社会学的には重要な考察対象となる。現在のものでなく不確実で、しかも見えないそのリスクが、リスクとして決定されていく過程の観察が社会学にとって重要であることの理由がここにあるのだが、これについては

**科学的知覚器官**
通常では不可視で経験できないようなものを、可視化するための科学技術。超音波検査でお腹の中のまだ見ぬ赤ちゃんをモニターを介して見ることができるなどというのは典型的な例。

後述しよう。

またイギリスの社会学者ギデンズは、『暴走する世界：グローバリゼーションは何をどう変えるのか』という著書の中で、リスクについて以下のように述べている。「リスクは、冒険や危険とはその意味合いを異にしている。リスクは、将来の可能性を積極的に評価したうえで、あえて冒す危険を意味する。未来志向の――未来を征服と開拓の対象とする――社会においてこそ、リスクという言葉は広く用いられるのである」（五二頁）。ここでもやはり「未来志向」であることが指摘されている。さらにギデンズは、「外部リスク」と「人工リスク」とに二分してリスクを説明している。「外部リスク」とは、自然に起因するリスクのことで、「人工リスク」とは外部世界に関する人間の知識が深化することによって生じるリスクであるという。たとえば、計算不能な人工リスクの代表例として「チェルノブイリ原発事故」と「BSE（牛海面状脳症）」を挙げ、ほとんどの環境リスクは人工リスクであると述べている。

リスク社会とグローバリゼーションとは深く関連している。両者ともに近代化を語る上ではずせないキーワードであるし、むしろ表裏一体であるとさえいったほうが正確だろう。ベックは、後に「世界リスク社会」という用語を使用している。またギデンズは、人工リスクに関して、世界的規模で深刻な影響を及ぼすものであるとしてグローバリゼーションと切っても切れないかかわりをもつといっている。

　たしかに、環境リスクや健康リスクは、ほとんどの場合「国家」などというきわめて人工的な枠組みを軽々と飛び越えてしまう。チェルノブイリ原発事故の影響がどこまで及んだか、中国大陸で生じた感染症の恐怖がやすやすと日本を襲う、などといったことを例にあげるまでもないだろう。最近の事例としては、まず海外で発症が確認された新型インフルエンザが、島国日本でどのように報じられたかを思い出してほしい。あるいは世界同時金融不安を例にあげることもできる。為替の動きのみならず、ニューヨーク株式市場の動きは、私たち日本の消費者の生活に影響を及ぼす。つまり、ほとんどのリスクにとって、国家あるいは国境などというラインはやすやすと踏み越えられるものなのである。

　ただし、リスクへの対処が議論される際には、国家の体制保持が大きな問題となりうることには留意が必要であろう。つまりグローバルな問題だからといって、くだんのリスクに対するローカルな対処が必ずしも否定されるというわけではないのだ。

## 二　リスクを論じる立場

リスクをどのようなものとして眺め、リスクに関してどのような議論が必要であると考えるのか。このことは、別の言い方をするとリスクをどのような立場から論じるのかということでもある。どのようなリスクを論じるにしても、当該の論者が、どの立場から論じているのかという点は、非常に重要なことになってくる。「どの立場」というのは、一つの論点に対して賛成か反対か、ということをここで意味していない。問題なのは、その論点をどのように眺めているか、というそもそもの立脚点の違いのことである。では、どのような立場がありうるのか、便宜的にここで以下四つの立場を概観し、区別してみよう。

ひとつには、「客観的事実としてのリスクを論じる立場」である。この立場を選択した場合（この選択はほとんどの場合無意識的なものであり、当然視された選択である）、「客観的事実としてのリスク」を設定・発見した上で、そのリスクを回避するために私たちが今現在何をなすべきであるか、その対処と方法の議論が重要であると考える。何らかのリスクの存在を自明視する立場であるということもできよう。この場合、「どのようにそのリスクが観察されたか」という点については、当該リスクを語る主である専門家に、私たち素人は白紙委任せざるをえない。つまり、なぜそれがリスクとして観察されたのか、などといったもろもろの前提を「わざわざあらためて問う」ということが不問に付される。

　リスクの存在を自明視するという意味では、ひとつめの立場と同様であるが、「客観的事実としてのリスクをどのように伝えるか」を論じるふたつめの立場をここで区別しておくことにする。たとえば、後述（第二章）することになるリスクコミュニケーションの意義と可能性を重要視する立場である。一般の人びとにどのように情報を流せば科学的に正しく理解することが可能なのか、という前提で議論する。存在が自明視された地点から語られる何らかのリスクと、その対処方法を正しく人びとに伝え、人びとが正しくリスク処理することを重要視する立場である。やはり、その「科学的正しさ」があらためて問われることはなく、自明視されたままである。

　少なくとも社会学の立場からリスクを論じる際には、以上二つの立場からの議論とは一線を画しておく必要がある。その理由については後に詳述するが、「客観的事実としてのリスク」を自明視した地点から議論を出発させるのではなく、「いかにそのリスクが『客観的事実である』と観察されたのか」という出発点を、社会学は含まざるを得ない。したがって、以下の二者については立場性の違いを意味するものではないが、同じ立場に立ちながらどこに研究の焦点を合わせているのかという意味で、一応ここで区別しておく。

まずひとつめとして、「客観的事実としてのリスク」そのものがいかに構成されていくかを論じる立場である。たとえば、リスクに関する諸々を説明しようとする科学言説の構築性を指摘するなどの関心がこれにあたる。くだんのリスクはリスクとして、誰によってどのように観察されたのか、という関心を含んでいる。また二つめとしては、「客観的事実としてのリスク」が、一般の（「客観的事実としてのリスク」に関連して非専門的立場に立つ）人びとにどう受け止められているかを論じる視点である。これは、いわゆる科学者や専門家ではない一般の人びと（lay people, non-experts）にとって、そのリスクがどのように認知されたのか、ということを論じる立場である。この場合、科学言説の正当性を自明視しているわけではないので、素人（あるいは非専門家）の科学的リテラシー不足を指摘するとか、非科学的思考を批判するといったことが目的とされるわけではない。

## 三　リスクに対する社会学的視点

さて、先述した四つの分類のうち、後の二者が社会学的リスク論の立場といえるだろう。なぜなら、社会学において「リスクがいかに観察されるのか」という論点は常に重要視されてきているからだ。いずれにしても「自明な事実としてのリスク」という地点から出発しないというところが社会学におけるリスク論の最大の特徴といえよう。このことは、リスクに限らず他のテーマについても同様である。社会学と名のつく最初の講義で「自明なことをあらためて考えてみる」「あたりまえを問い直す」などといったフレーズを耳にしたことがある人も多いだろう。どんなに高度な科学的知見を駆使して語られていようとも「あらためて考えてみる」、リスクについてもその例外ではないということだ。

ところで、社会学がリスクを学問の対象としたのは比較的遅かったといえる。「遅かった」というのは他の学問領域に比べてということだ。たとえば、自然科学の分野では、社会学よりも早くから研究領域として、あるいは少なくとも留意すべき用語として重要視されていた。また社会科学の中では、たとえば経済学などが比較的早く「リスク」あるいは「リスク論」を学問の中心に取り入れていたといえるだろう。たしかに、経済に関わるリスクの言葉、たとえば「市場リスク」「金融リスク」「リスクソリューション」「信用リスク」「価格変動リスク」「インフレリスク」などは、私たちの日常生活に深く関わるものとして日常用語にもなりつつある。

また、実は社会学と近接する領域では、すでにリスクを主軸として調査研究を行っていた学者もいる。そのひとりが社会人類学者のメアリ・ダグラスだ。彼女は『汚穢と禁忌』などの著書で有名である。その彼女がアメリカの政治学者ウィルダフスキーとともに一九八二年に著わしたのが『リスクと文化：技術と環境危機の選択に関する評論』である。また一九八五年には、『社会科学によるリスク受容（論）』という本も書いている。彼女（たち）がリスクというテーマにたどり着いたのは、もちろんそれ以前の研究の蓄積があってのことである。社会的秩序を侵犯するような何らかに対する集合的合意に関する研究の重要性をうったえ、すなわち「知識の共同の産物として（リスクは）観察されるべきである」と彼女は述べる。

さて、社会学においてリスクが重要な研究領域であると認識されはじめるのに、ドイツの社会学者ベックの『リスク社会』（日本語訳は『危険社会』になっている）が出た一九八六年をひとつの起点と考えてよいだろう。ベックに限らず、リスクと名のつく本を書くとき、何らかの具体的なリスクを念頭に置きながら書くことになるはずだ。ある典型的で具体的なリスクをまず思い浮かべながら書くことになるだろう。それはたとえば、原子力発電所の事故かもしれないし、食品に関連するものかもしれない。非常に身近で切羽詰まったものかもしれないし、地理的に遠い世界のニュースがきっかけとなるかもしれない。いずれにせよ、不安感やわからなさ、気持ち悪さ……そういった感情とも連接している。社会学者が社会学的に論じるにあたっても、その日常生活に根差したベーシックな感情や経験の部分と切り離して考えることはできないはずだ。そういう意味で一九八六年というのは、チェルノブイリ原子力発電所の事故が生じた年でもあった。いったい何が起こっているのか、何か新しいタイプの事象にわれわれは遭遇し始めているのではないのか、これまでとこれからの社会学はこの状況をどのように分析できるのかできないのか、などといった関心が社会学者の間に起こってきた時期ともいえるだろう。

さて、ベックの『リスク社会』は、現在においても社会学関連の研究のみならずリスクをめぐる諸研究において重要な先行研究としてたびたび言及されている。そして、その第一章冒頭は以下のように始まっている。

近代が発展するにつれ富の社会的生産と並行してリスクが社会的に生産されるようになる。貧困社会においては富の分配問題とそれをめぐる争いが存在した。リスク社会ではこれに加えて次のような問題とそれをめぐる争いが発生する。つまり科学技術がリスクを造り出してしまうというリスクの生産の問題、そのようなリスクに該当するのは何かというリスクの定義の問題、そしてこのリスクがどのように分配されているかというリスクの分配の問題である（ベック、一九九八、二三頁）。

ここには、①リスクがいかに生産されるのか、②リスクがいかに定義されるのか、

③リスクがいかに分配されるのか、といった三種の問題圏がまず指摘されている。これらの問題圏に共通しているのは、後述するルーマンの言葉で言い換えるなら、リスクはいかに観察されるのか、リスクはいかに記述されるのかということになるだろう。

先にリスクの定義例をあげたが、社会学的観点に立つなら、その「確率、ないし期待損失」が誰によっていかにして決定されたのか、あるいは「望ましくない事実」が誰によっていかにして決定されたのか、当該の「科学的正しさ」とはどのような内容と性質をもったものなのか等々の関心を無視することはできない。またそれらの決定が、私たちの日常生活にいかなる影響を与えるに至るのか、という視点も欠くことはできない。たとえばこのようなことを鑑みるのがリスク社会論ということになるだろう。社会全体あるいは日常生活のすみずみの状況に、さまざまな形でリスクが何らかの影響を与えるようになる社会のことをベックはリスク社会と称しているのだ（Beck, 1986）。

ベックのリスク社会論においては、「リスク」と「危険」とを峻別することが核となっている。ドイツ語で示すとRisikoとGefahrということになるが、言語が違えば当然語感も違ってくる。ドイツ語のRisikoが日本語のリスクに、Gefahrが危険に、一対一に対応していると考えるのは適切ではないだろう。「リスクをともなう」という時、日本語としては「危険をともなう」ということも可能な場合はないだろうか。つまり、ドイツ語圏の社会学者がいうところの「リスク」と「危険」の峻別に日本語訳においても従順に従う必要はないだろう。しかし、それらの語を峻別することによってベックが何をいおうとしていたのか、何が明らかになりうるのか、ということの考察が重要であることに違いはない。

そして今、私たちが生きて経験しつつあるこのリスク社会は展開があまりに急である。遠い国で起きていることが、私たちの日常生活に直結してリスクと化す可能性は茶飯事である。その他にも、リスク社会に関する社会学の仕事は続々と生産されてきている。著名なところで、ニコラス・ルーマンやアンソニー・ギデンズといった名をあげておく必要があるだろう。彼らはいずれも社会学にとって重要なテーマであり続けている「近代化」をキーワードとしつつリスク社会を論じているといってよいだろう。

ドイツの社会学者であるルーマンは、一九九八年にすでに他界している。彼の知らない二〇〇一年ニューヨークの九・一一や気候変動をめぐるポスト京都議定書を、今を生きる私たちは知っている。少なくとも彼の死後のリスク社会をじかに体験している。彼の知見からこの今の状況はどのように解しうるのだろうか。あるいは、リスク社会は刻一刻と変質していっているのだろうか。そうだとしてその変質とはいかなるものなのだろうか。

ルーマンのリスク論において重要なのは、「リスクを観察する」という視点である。彼は、第一の観察、第二の観察という言い方をしている。リスクをめぐる何らかのコミュニケーションを検討する際には、ルーマンのいう「セカンド・オーダーの観察（第二の観察）」という視点を念頭におく必要がある（Luhmann, 1991）。あるリスクについてリスクとして考えたり、そのようなリスクを冒すべきか考えたり、何らかのリスクの可能性とその対処法について考えたりする時、人はセカンド・オーダーの観察者の立場から自分自身を観察することになるというのだ。またリスクがリスクとして成立する際、すなわち何らかの形で望ましい行為の結果と望ましくないそれとを区別するとき、自らの決定のリスクに直面していることを決定者は自覚せざるを得ないのである。その決定に携わるのは、専門家や科学者だけではない。一般の人びとも日々の生活においてリスク決定のリスクに関し、まさにセカンド・オーダーの観察者であることを余儀なくされているのである。

したがってリスクに関して、たんに専門家の知識（expert knowledge）だけを研究対象とするだけでは少なくとも社会学的には十分でない。日常生活の中で一般の人びとがリスクをどのように経験し、リスクに対しどのように配慮しているのかという問題領域においては、「人びとのリスク知（lay risk knowledge）」の考察が重要

**脱埋め込み**
　生々しい「いま・ここ」の私の経験とは別に、あるいはそのような私的なことが脱文脈的かつ科学的に語られていく過程を意味している。

になってくる。たとえば、この「人びとのリスク知」に関しては、非常に文脈依存的であり、ローカル的で個人化され、かつ多様性と変容に対し柔軟に配慮する傾向にあると指摘されている（Tulloch and Lupton, 2003）。ギデンズのいう「脱埋め込み化された知識」とはまったく異なる、「いま・ここ」に埋め込まれた知識であると換言することも可能だろう（Giddens, 1990）。

　この「人びとのリスク知」は expert knowledge と比して、非科学的であるとか不正確であるとかということを議論する可能性があるのは、先述した四つの立場のうちリスクの存在を自明視する前二者に関してはありうる。しかし、「客観的事実としてのリスク」のその構築性を問題化する際に、「科学的正しさ」すらも、その構築性を問われねばならないのだ。したがって、社会学においては人びとのリスク知に関して、その「科学的正しさ」あるいは科学的リテラシーを要求するものではない。

## 四　「リスク社会」という問題圏

　社会学がリスクについて論じるときに問題になるのは、具体的にはどのようなことだろう。この章のまとめとして、どのような問題が「リスク」として論じられてきているのかを概観しておこう。このブックレットの中で検討するのは、日常生活においてリスクをいかに認知しているのか、以上のもろもろについてどのような研究が蓄積されてきているのか、ということである。

どのようなリスクがこれまで社会学において論じられてきたのか。まず、最初に挙げなければならないのは環境リスクではないだろうか。いわゆる「環境リスク」の中に何を含むのか、という問い自体じつは社会学的関心として重要である。このブックレットでも言及しているが、リスク論の代表的なものとして次に挙げるべきものには、やはり健康リスクがあるだろう。「代表的なもの」とは、関心が高いものということをここで意味している。

さらに、生活設計におけるリスクもある。家庭、労働、結婚、人生にかかわるリスクの存在を議論するのだ。家族の崩壊や格差社会などといった社会問題をも、あらためてリスクあるいはリスク社会と関連づけて論じる場合もある。たしかにベックの議論の中でも、共同体が崩壊した社会においては、生き死にを含む生活全般のリスクを個人が個人の責任で負うしかない契機が増えてきていることが指摘されている。たとえば、『リスク社会』にも「第四章　わたしはわたし――家族の内と外における男女関係」「第五章　生活状況と生き方のモデル――その個人化、制度化、標準化」という章が設けられている。これらの章は、健康リスクや環境リスクを扱った、あるいはそれらのリスクを前提とした「リスク論」とは趣を異にしている。結婚や労働や教育や育児といった、個人的な人生あるいはライフスタイルの選択に潜むリスクを問題にしようとしている。たしかに「リスク社会論」といった場合、生活設計における想定外のリスクを排除すべき正当な理由は見当たらない。当人にとって結婚できないかもしれないリスク、就職できないかもしれないリスク、失業してしまうかもしれないリスク、子どもができないかもしれないリスク、子どもを育てられないかもしれないリスク……、これらをリスクとよぶべきでないとはいいきれない。しかし、健康リスクや環境リスクと比較して、それらのリスクは個人の価値観がより大きく反映されるということにも留意が必要である。

また現代的な展開として、リスクコミュニケーション、リスクアセスメント、リスクマネジメント、食品安全委員会の設置など、リスク対処をめぐる動きについてテーマ化する場合もある。これらについてもこのブックレットの中で言及していく予定である。

以上のように、さまざまな事柄が（あるいは「ほとんどの事柄が」といったほうが適切かもしれない）リスクと位置付けられ、あるいはリスクと関連付けられ議論されることが多発してきている。この状況自体がまさに「リスク社会」を意味している。つまり、諸科学がリスク言説を増幅させていることに、そして社会学もその一翼を担っていることに自覚的でなければならないということかもしれない。何でも「リスク」として説明し、あるいは「リスク」とすることで何かを説明しきったかのような態度について反省的でなければならないだろう。つまり、「何らかのリスク」について議論すること、「何らかのリスクについての議論」を議論すること、これらを複眼的に行うことが社会学者には要求されている。別の言い方をしよう。リスクに関してこの複眼的議論が可能なのは、あるいはこのような議論をもっとも得意としているのは社会学をおいて他にない。

喫茶室

**国際社会学会「リスクと不確実性の社会学」**

国際社会学会（International Sociological Association）は通常四年に一回（サッカーワールドカップが開催されるのと同じ年に）大会が開催されている（次回は二〇一〇年ヨーテボリ（スウェーデン）大会、二〇一四年は横浜大会）。しかし開催中間年である二〇〇八年にも、初の試みとして九月にバルセロナ（スペイン）でISA World Forum of Sociology（世界社会学会議）が開催された。ＩＳＡの活動は、研究テーマによっていくつかのリサーチコミッティ、ワーキンググループ、テーマグループに分かれている。そのひとつである「リスクと不確実性の社会学」グループによるセッションがバルセロナ大会でも複数設けられた。

たとえば、著者も研究発表した「メディアイベントとしてのリスク」というセッションにおいては、多くの報告者が参集し、二部構成でスケジュールが組まれ盛況であった。具体的な報告としては「メディアにおけるリスクの語りの構造」「『気候変動？　素晴らしい！　温暖化にはあまり注意を払わないわ！』気候変動をめぐる人びとの認知と報道」といったものがあった。このように、リスクとマスメディアとの関連については、世界各国の社会学研究者たちの高い関心を集めており、本書各章もその一端を担うものである。

# 第二章

# 科学技術とリスク

## 一　リスク社会における「科学的正しさ」と「科学的に正しい配慮」

リスク社会は科学や技術の進歩の結果でもあり、両者は表裏一体である。これらはどのように関連づけて議論されてきたのだろうか。この問いについて、主として環境リスクを題材にこの章で考えてみよう。

科学の（あるいは専門家の）言葉を、私たちはある時はうのみにし、信用し、重要な提言として受け止めることをしている。その言葉がどのようなものであれ、その背景に何らかの合理性があることを暗黙の了解としているのだ。その暗黙の了解を何らかの「事実」や「説明」が支えている必要は必ずしもない。信じるためには、了解するためには、難しいことを詳しく正確に知っている必要はなく、「合理性がありそうな感じ」という気分が醸成されていれば、実はそれで十分なのだ。

リスク社会における科学的合理性について、「自ずと弱まって、結局は消えてなくなる」と、その弱体化についてベックは『リスク社会』で述べている。なぜ、そのような過程をたどるのか。ひとつには、「科学的合理性が推測と仮定という砂上の楼閣の上に築かれているから」、理由の二つめとしては、「科学者がさまざまなリスクについて有意義に話を進めようとするならば、彼の価値観を引き合いに出す必要があるから」（ベック、一九九八、三九－四〇頁）と述べている。科学的合理性を支えているはずの、客観性や価値中立といったことを問い直す指摘である。さらに、「科学的合理性と社会的合理性」という二つの合理性は、互いに対立しつつ依存しているとベックは述べている。「国民が科学者のリスクの定義を受け入れないからと言って、国民の『非合理性』を非難できない」（ベック、一九九八、九〇頁）というのだ。すなわち、大衆は「非合理な存在」であるという認識について、誤っていると言明している。その理由として、いずれにしても「リスクについて述べる場合には、われわれはこう生きたい、という観点が入ってくるのである」（ベック、一九九八、九〇頁）からだという。すなわち、科学的合理性であっても、もちろん価値判断と切り離して存在するものではない。

またルーマンは、知識の増大やテクノロジーの発展により問題が危険（Gefahr）の領域からリスク（Risiko）の領域へとスライドしていくことに注目し、万一の損害の発生に影響を与えたかもしれない、あるいはそれを阻止するのに役立ったかもしれない決定の可能性が多く認識できるようになればなるほど（つまり科学やテクノロジーが進歩すればするほど）、帰責の趨勢はリスクのほうへと傾いていくことを指摘している（Luhmann, 1991）。つまり、科学技術によって予見可能なことが増えてくると、さまざまな価値判断のもと「さまざまな決定」が決定され、配慮すべきことも増えてくる。そうしてまたリスクが増大していくことになるのだ。

さて、リスクそのものとそのリスクへの対処方法に関して、何らかの科学的知見の正しさは何らかのデータ（それも現時点でのデータ）をもとにした推測や仮説あるいはシミュレーションであることが多い。あるいは複数の人間が複数の立場から関与した議論の結果として誕生するものであることが多い。現時点において入手可能な既存のデータから未来の事象を語るのであるから必然的にそうならざるを得ない。当然のことながら不可知の部分は残るだろうし、限定つきの「正しさ」であることには変わりない。こういったとしても、「未来のことだからわかるはずがない」などといった単純な議論で科学の正当性を貶めようとしているのではない。社会学において行われるもろもろの調査においても同様で、あらゆるデータは特定の条件下で集められたものであって、常に「限界つき」のものである。厳密にいえば「現時点のデータで分っている範囲ではこのようなことが起こるかもしれません」ということなのである。しかし、これがいったん専門家や科学の言葉で権威づけられると「科学的正しさ」として独り歩きし、検証されていない条件下の事象についてまで一般化されたりする可能性がある。社会学の立場から考察の対象とせざるをえないのは、不確実性や不可知の部分があることを一切考慮されないままに、限界を超えて一般化され正当な正しさとして君臨してしまう状況について、である。したがって、ここで社会学の仕事として重要になってくるのは「その正しさはどのようにして決定された正しさなのか」ということである。つまり、科学的正しさの構築過程を考察の対象にするということである。これは、「科学的にみて正しいのか正しくないのか」ということを問う作業とは一線を画する。

さて、厳密にいった場合の「科学的正しさ」を欠いている言説は、一切拒否すべきであるという考え方もあるかもしれない。推測で判断し、現在を決定することに疑義をさしはさむことも大事であろう。しかし、現時点で「不明」なことでも何らかの決定を下さねばならないことは、実はだんだんに私たちの身の回りで増えてきている。〝いま・ここ〟での専門家による判断・決断は、社会的にも重要である。それがリスク社会というものだ。あることがリスクであると判断を下す（下せる）

ようになるためには、それ相当の科学技術の進歩が必要である。科学技術が進歩することによって、何らかの予知、推測、あるいは高度なシミュレーションが可能になる。ある意味、科学技術の進歩がリスクを生み出しているともいえるのである。重ねていうが、それがリスク社会というものなのだ。科学的厳密さを欠いていたとしても現時点で何らかの科学的判断を下さねばならないのはなぜか。それはすなわち、現時点においていかなる行動をとるべきか、いかなる配慮が必要とされるべきかを人びとに知らしめるために、である。また、リスク社会の日常を生きる人びとがそのような判断を必要としていることも事実である。

## 二　リスク社会における科学の役割

リスク社会において、遠い未来に起きるのか起こらないのか分らないことに対し、科学者たちは専門的立場から科学的に決断を下さなくてはならなくなってきている。では「科学的」とはどういうことだろうか。何らかの客観的なデータに基づいて知見を述べる、というのが典型的な、あるいは古典的な科学のイメージではないだろうか。しかし科学の「客観性」や「価値中立性」についてもまた、先述したように社会的営為のひとつであると考えた場合、社会的なものとは全く切り離された「真

**IPCC**
地球温暖化をはじめとした気候変動に関する世界最大の科学的アセスメント集団で、「評価報告書」(Assessment Report) を数年おきに提出し、政策決定担当者に情報を提供している。

空管の中の出来事」のように科学を解するわけにはいかない。つまり何らの価値判断も含まないということは考えにくい。

しかし、いずれにしても「何らかのデータに基づいて知見を述べる」という科学的営為のパターン認識は崩れていない。ところが、リスクについて語る場合には、「すでに在るデータ」ではなく「予測」や「シミュレーションされたデータ」が非常に重要な位置を占めてくることになる。たとえば、「気候変動に関する政府間パネル (IPCC : Intergovernmental Panel on Climate Change)」の報告書などでたびたび見かける、今後の地球規模の温度や$CO_2$濃度等の変化を示す図表では、「シナリオ」という言葉が使用されている。通常この「シナリオ」は複数示され、前提とする条件によってどの「シナリオ」が現実のものとなるのかという科学的知見の幅を意味している。誰ひとりとして結末を知らないことについて、科学はさまざまなストーリーを用意しているのである。

さて、正確に検証されたひとつの真理を確実に求めるという態度は、科学の合理性を徹底的に追求するという意味で重要な場合もあるだろう。しかしリスク社会においては、弊害をもたらす場合もありうる。何かが確実に検証されるのを待っていると被害が拡大してしまい取り返しのつかない事態に陥ることもある。そうなる前に何らかのアクションを起こすことも非常に重要である。そこで登場してきた考え方に「予防原則（precautionary principle）」というものがある。一九八二年に開催された国連総会で採択された世界自然憲章で表明された理念である。この世界自然憲章には、「自然に対する悪影響を最小限に留めるために、すべての計画に対して環境影響評価を実施しなければならないこと、また評価の結果は広く公開し、協議されるべきであることなどが述べられている」（http://www.gcj.jp/earth/fch06.html より引用）。さらに「科学的確実性が欠如していることをもって、起こりうるあるいは差し迫っている環境への被害を防止する手段をとることを遅らせる理由とすべきではない」と述べられている。

その後一九九二年の国連環境開発会議におけるリオ宣言（第一五原則）において、「環境を保護するため、予防的方策は、各国により、その能力に応じて広く適用されなければならない。深刻な、あるいは不可逆的な被害のおそれがある場合には、完全な科学的確実性の欠如が、環境悪化を防止するための費用対効果の大きな対策を延期する理由として使われてはならない」と言明されることとなった。

すなわち、現時点で明確な科学的エビデンスが得られていなかったとしても、何らかのマイナス評価（たとえば健康被害など）が予測される場合には、何らかの措置を必要とすべきであるという考え方である。しかし、評価をもとに何らかの措置を決定する際には、当然のことながら政治的判断を含むさまざまな価値判断が含まれることになる。誰によってどのようにそのリスクは観察され、どのような決定がなされたのかという社会学的関心は、やはりここでも発動される必要がある。

その典型的なものが、先述したような地球レベルの気候変動に関するものといってよいだろう。たとえば地球温暖化に関しては現時点で、さまざまな言説が飛び交っている。果たしてどの言説が「正しかった」のか、それを確認できる人は現在生きている者の中にはいない。なぜならば数百年後、数千年後の地球についての議論が含まれているからである。今後の世界規模での人口動向や、経済状況、社会や技術の変化を含めて予測をせねばならない。現時点での科学的な知識の不足や、情報不足といった問題もあるだろう。したがって、「将来像の不確実性」から完全に逃れることはできない。

ところで、少なくとも一九七〇年代ごろまでは、地球はこの先氷河期に入っていくのだと小学生からおとなまで一部信じていた。だんだん寒くなって、かつてのマンモスのように生き物すべて凍え死んでしまうという想像を私もしていた。ところが、しばらくすると気候変動物語の主流は、だんだん暖かくなる、というか暑くなるということになっていた。寒くなろうが暑くなろうが、一人の人間の人生という短すぎるタイムスパンではいずれにしても経験できない変化である。しかし、地球の気候変動を身をもって感じることのできない「短すぎるタイムスパン」の、そのまた半分くらいの期間のうちに、「寒くなる」から「暑くなる」に脅し文句は変わっていった。当然のことながら、「それは大変！　で、どうすればいいの？」という話も全く別の様相をみせることになるのだ。これについてはまた後述する。

いずれにせよ、科学者の社会における役割と責任の持ち方は変容してきている。客観的にデータを集め、その集まったデータをつぶさに分析して考察し結論を出す――それで任務終了、というわけにはいかなくなってきているのだ。予想をし、シナリオを描き、（専門家ではないという意味において）素人である一般の人びとに対し、数百年後の未来への配慮として現時点で何らかのアドバイスを提示する役割さえ担っている。

## 三　「信頼」とモダニティ

先述したように、科学者は社会的責任を果たし、その言説を人びとは信頼せざるをえない、といった局面がふえてきている。このような「信頼している」とか「信頼する」などといった言葉を日常的に私たちは使用している。ルーマンもギデンズもこの信頼という、日常にありふれた言葉をたんねんに議論している。ルーマンは、信頼に関して以下のように述べている。「なんの手掛かりもなしに、なんの以前の経験なしに、信頼することは不可能である。しかし、信頼は決して過去からの帰結ではない。そうではなく、信頼は、過去から入手しうる情報を過剰利用して将来を規定するという、リスクを冒すのである」（ルーマン、一九九〇、三三頁）。何かを信頼するということは将来を規定することであって、しかもその際に「論拠や観点の明瞭な表明は、適切ではない。のみならず、信頼を欲する人にとってさえ、それらは必要ない」（ルーマン、一九九〇、五二頁）。将来を規定する信頼であるにもかかわらず、論拠は必要ないという言明は、ここでの議論と結びつけてどのように考えられるだろうか。専門家がいっているというだけで、あるいは科学の言葉が使われているというだけで、根拠となっている（はずの）データをいちいち確認することなどない。仮に生のデータにアクセス可能だったとしても、それを読み解くリテラシーが必要になる。したがって、私たちは「偉い人が言っているのだから」「なんか難しそうだけどきっとそうなんだろうな」といった程度で、誰かの何かを信頼するということをしていないだろうか。「博士」や「白衣」「横文字」といった諸々は、「信頼」を醸成させるのに格好の小道具である。ここでの話に近づけると、リスクに関して専門家の科学の言葉を信頼するということは、当然将来を規定することでもあり、その際には詳細な説明は必要ないということだ。このことは、後述するギデンズの提示した「白紙委任」と共通する視点といえよう。

**象徴的通票**　難解な科学の言葉などが典型的な事例。その言葉は専門家によって普遍的かつ脱文脈的に使用されることが常で、あらゆる事態について使用可能である、とされるのが通常である。

さてギデンズは、ルーマンが確信と区別して信頼概念について述べていると異論を唱えている。「確信が、相手の誠実さや好意、あるいは抽象的原理（専門技術的知識）の正しさにたいする信仰を示すとすれば、信頼とは、所与の一連の結果や出来事に関して人やシステムを頼りにすることができるという確信と定義づけることができよう」（ギデンズ、一九九三、五〇頁）とギデンズは、信頼を確信の個別類型のひとつとして考えている。しかし、いずれにしてもリスクを語る際に信頼が重要なキーワードであることに変わりはない。ギデンズの場合、モダニティ論あるいはグローバル化を語る際に、リスク概念が重要な要素となっている。たとえば、「顔の見えるコミットメント」と「顔の見えないコミットメント」の別について、以下のように言及している。「《顔の見えるコミットメント》とは、ともにそこに居合わせている状況のもとで確立する社会的結びつきによって維持されたり、あるいはそうした結びつきのなかに表出される信頼関係のことをいう。《顔の見えないコミットメント》は、象徴的通票や専門家システムにたいする信仰の発達と関係しており、私はこうした象徴的通票と専門家システムをひとまとめに《抽象的システム》と総称しておきたい」（ギデンズ、一九九三、一〇二頁）。リスク社会において、抽象的な《顔の見えないコミットメント》が重要な役割を果たしている。つまり、専門家による科学の言葉が抽象的なシステムとして、具体的なわれわれの生活を規定しているということである。

さらに、再埋め込みという概念を用いてモダニティを説明しようとするが、再埋め込みとは、脱埋め込みすなわち、ローカルな脈略から引き離され、無限に拡がる時空間に再構築された社会関係が、（いかに局所的な、あるいは一時的なかたちのものであっても）時間的空間的に限定された状況のなかで、再度充当利用されたり作り直されていくこと、と定義している（ギデンズ、一九九三、一〇二頁）。抽象的なシステムは、〝いま・ここ〟に生きる〝この私〟の生々しい経験や感覚をも語ろうとするが、しかし生の具体的現実に照らし合わせて抽象的なシステムを理解するということも可能にしている。つまり、専門家による科学的な言葉を使用した抽象的システムが、私たちの生々しい日常生活に関われば関わるほど、リスク言説はリニューアルされ、再利用される可能性が常にある。この点においてもやはり、素人たちの営みを、リテラシー無きものとして廃棄することで見落とされるものがいかに大きいかが確認できる。

## 四　リスクをめぐるコミュニケーション

何らかのリスクを受容することの拒否は「正しい科学的知識」の不在であるとい

**アセスメント**
科学の分野で重視されるようになってきたのは一九八〇年代以降である。既存データに基づいて客観的な知見を述べるだけでなく、推測やシミュレーションすることも含めて評価・査定することも、現在科学者に求められている。

う考え方がある。これを「欠如モデル（deficit model）」とよぶ場合がある。この考え方の下では、当該のリスクに関し専門家でない普通の人びとは、科学的リテラシーを培うべき啓蒙の対象とみなされるしかない。しかし、一九八〇年代以降には啓蒙の対象というよりもむしろ、それぞれが身を置く生活において科学技術を判断する「主体」として一般の人びとをとらえようとする動きが起こってきた。その動きを示すひとつの事例として参加型テクノロジー・アセスメントの思想がある。そしてその実践例としてコンセンサス会議というものがある。コンセンサス会議の始まりはデンマークである。その試みは、日本でも着手されてきている。

また一方で、リスクコミュニケーションなる取り組みが各方面で近年重要視されてきている。これは、さまざまなリスクをめぐって、専門家や行政、国民（市民、あるいは消費者と称されることもある）、関連企業などの利害関係者（ステークホルダーと称されることが多い）が情報を共有し、相互に意思疎通をはかるか、あるいは合意形成をめざすものである。不確実性の残る事態に対して、各方面の配慮を検討するということになる。リスクコミュニケーション過程においては、たとえばマスメディアの果たす役割と、その情報を一般の人びとがいかに受け取っているかなどといったことについても、各ステークホルダーによって重要視されている。

さらに、食品安全委員会の資料によると「リスクコミュニケーション」とは、

「リスク分析の全過程において、リスク評価者、リスク管理者、消費者、事業者、研究者、その他の関係者の間で、情報および意見を相互に交換すること。リスク評価の結果およびリスク管理の決定事項の説明を含む。」となっている（食品安全委員会　二〇〇六）。さらに具体例を挙げると、二〇〇五年七月一四日大阪で開催された食品安全委員会主催「食品に関するリスクコミュニケーション――魚介類等に含まれるメチル水銀に係る食品健康影響評価に関する意見交換会」での「リスクコミュニケーション」とは、「健康影響評価（案）」をとおして「お互いを知り合う」ことであった。その後、二〇〇五年八月二四日（大阪）と二五日（東京）に、厚生労働省による「食品に関するリスクコミュニケーション――妊婦への魚介類の摂食と水銀に関する注意事項についての意見交換会」が開かれた。会場で配布された「意見交換会に参加いただいた皆様へ」という資料には、「リスクコミュニケーション」について「関係者が情報を共有した上で、（中略）社会的な合意形成の道筋を探ろうというもの」と明記されている。「関係者」のマジョリティは消費者でもある国民である。しかし、実際の「リスクコミュニケーション」の場には、特別な関心をもった特別な「国民」あるいは「消費者」のみが参加しており、したがって、きわめて特殊な「社会的合意形成」がなされているといわざるをえない。

このような「社会的合意形成」を目指す「リスクコミュニケーション」はさまざ

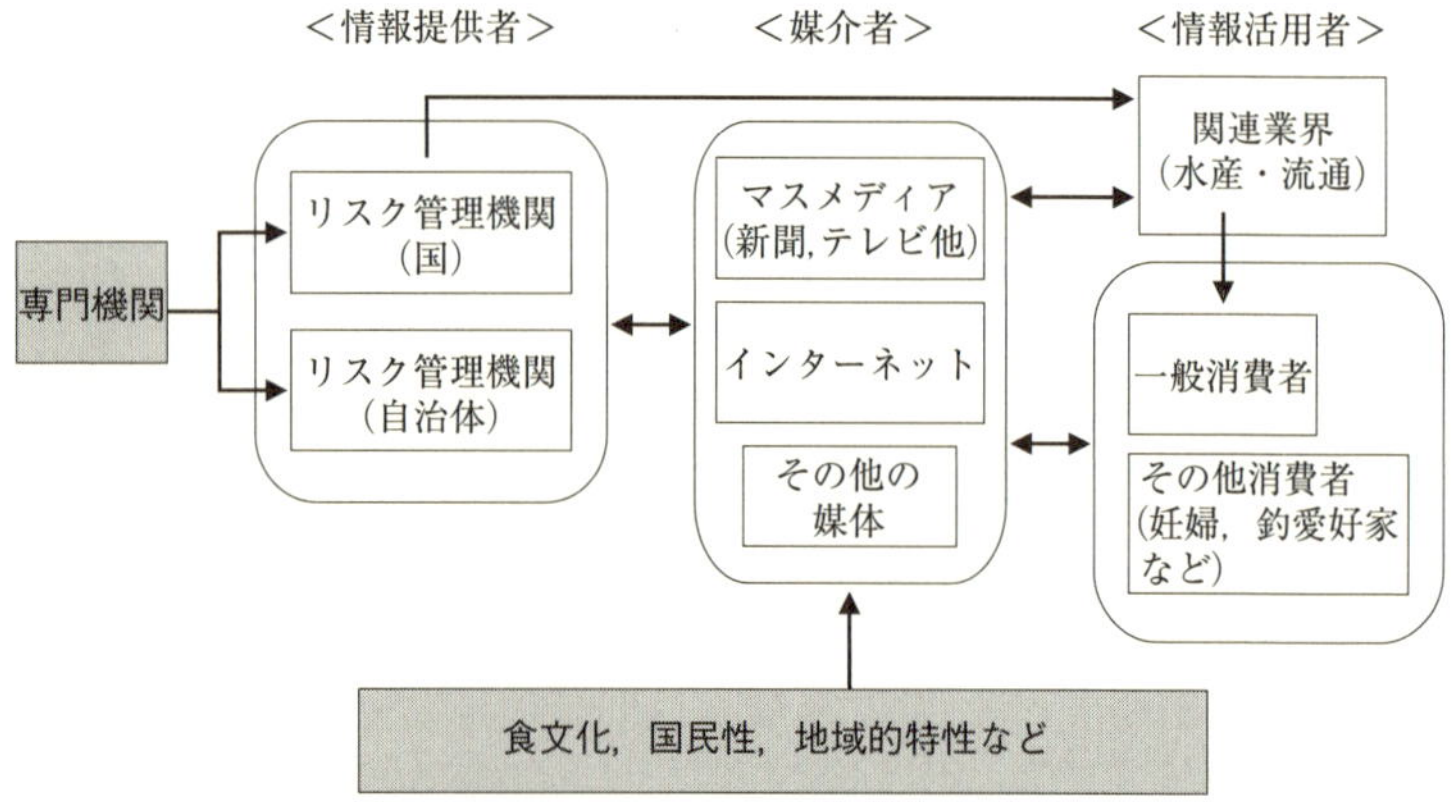


出所）東京都健康局（2004）『食品に関するリスクコミュニケーションの国外調査』
http://www.fukushihoken.metro.tokyo.jp/anzen/hyouka/shiryo/040219shiryo3.pdf（2008年10月27日アクセス）

図1　リスク情報の流れとステークホルダー

まな様相を呈してきている。また「リスクコミュニケーション」過程において、たとえば食品（水銀含有魚）に関しては図1のように、さまざまなステークホルダーが関わっている。またこの図は、リスクに関する情報の流れを例示するものでもある。

　このようなリスク情報の流れの中で「人びとのリスク知」がどのような形で形成され発現し機能しているのかという点については、十分な知見が得られているとは言い難いのが現状である。リスクコミュニケーション過程を直接的研究対象とする際に、一般の人びとのリスク意識や不安意識がどのように構成され言及されていくのかという点は、社会学的課題として非常に重要である。

ところで、リスクコミュニケーションにおいては、あるいはリスクコミュニケーションを説明する時に必ず認められる特徴に次の二点がある。①「合意形成」という言葉とともに使用される。②「市民」と称される関係者が登場する。なぜ、不確実なものに関して「合意形成」が必要なのだろうか。その「合意形成」を必要としているのはいったい誰なのか。そしてなぜ必要とされているのか。「市民」と称される人びととして、いったいどのような人びとが想定されているのだろうか。いずれにしても、関係者総出で合意形成に向かう際には、「正しい情報の共有」ということが重視される。そこで「合意」と称しているものはいったいどのような類の「合意」なのか。つまり「合意」の内実をつぶさに観察することは、まさに社会学的には重要なテーマであるはずだ。

科学者・専門家とそうでない人びととの情報所有量の差についてはそもそも圧倒的なものがある。実際の「合意形成」は、まさに最終的には必らず合意形成することを前提として計画的にたんたんとなされる。そして、いったん合意が形成されてしまったら、もう一度ひっくり返して議論することなどほとんど不可能だ。合意形成のために提示された資料をつぶさに観察しているといくら時間があっても足りない。合意形成する必要はないと言っているのではない。合意形成は誰によってなぜ必要とされているのか、と問うてみることの重要性をここで指摘しておきたい。とりわけ社会学的関心からは、十全な合意形成を自明視したリスクコミュニケーション（研究）とは一線を画する研究の必要性を指摘しておかねばならない。「正しい情報の共有」を前提とした万全かつ潤滑なコミュニケーションなどというものの不可能性についても視野に入れるべきである。コミュニケーションの不可能性もまた問うのが社会学の重要な仕事であり続けている。いずれにしてもコミュニケーションの必要性や方策のみを問うのでは、ものごとの一面しか見えてこないだろう。

喫茶室

**気候変動に関する六つの未来予想図「シナリオ」**

気候変動の将来予測に関しては、複数のストーリーが用意されている。大きく分けてＡ１、Ａ２、Ｂ１、Ｂ２の四種類で、Ａ１はさらに三種類のシナリオ（Ａ１Ｆ１、Ａ１Ｔ、Ａ１Ｂ）がある。

Ａ１は端的にいって「高成長型社会シナリオ」である。高度な経済成長が続く一方で、世界人口が二十一世紀半ばにピークに達した後に減少し、新しく効率の高い技術が急速に導入されるような未来社会を想定したシナリオである。このシナリオがさらに三つに分類されているのは、エネルギーシステムにおける技術的変化によって未来予想図が変化するだろうという予測にもとづくためである。そのひとつＡ１Ｆ１は化石エネルギー源を今後重視した場合のシナリオであり、Ａ１Ｔは非化石エネルギー源を重

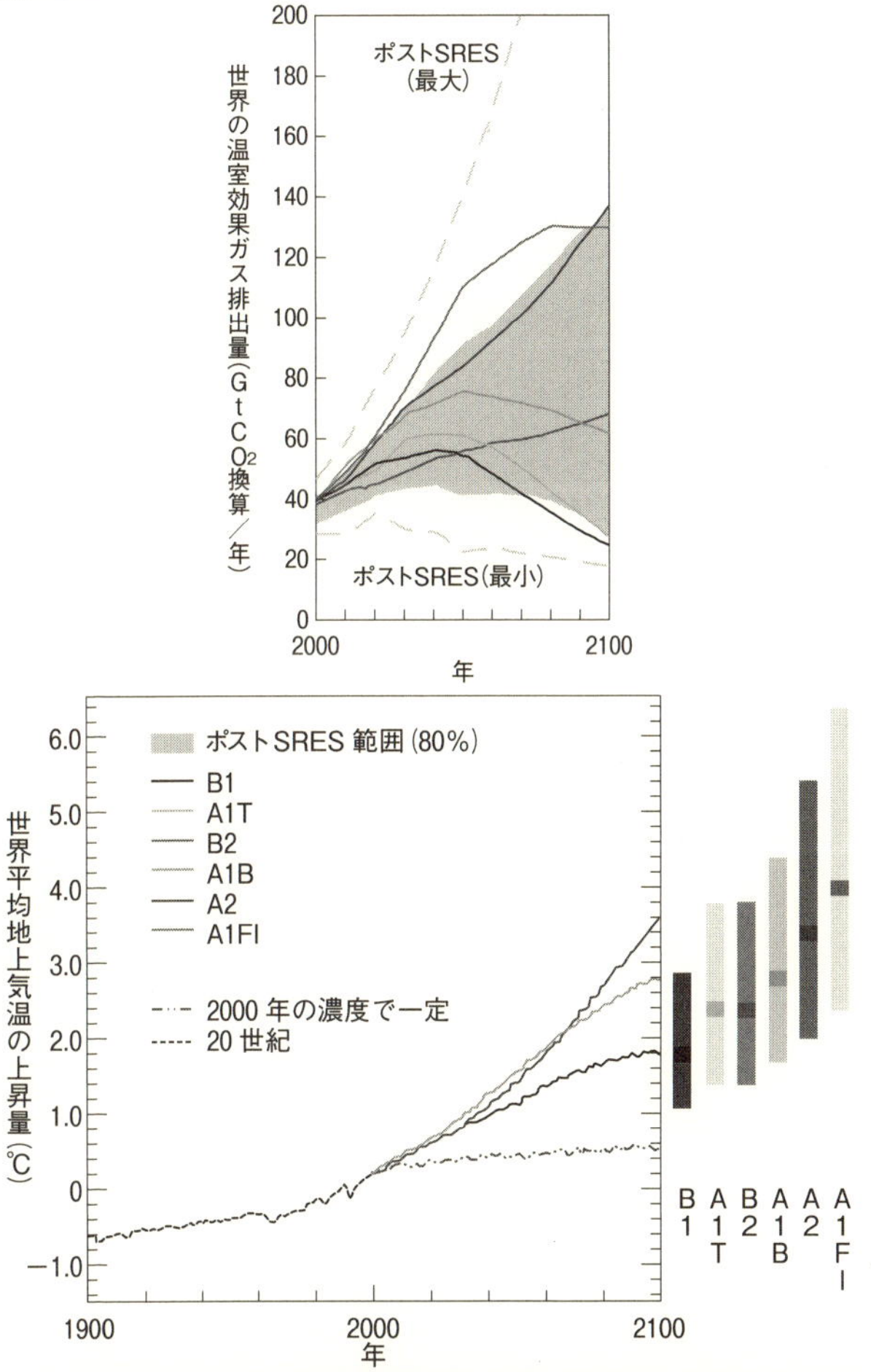


図　2000～2100年の温室効果ガス排出シナリオ
（追加的な気候政策を含まない）及び地上気温の予測

出所）環境省 HP 気候変動2007：統合報告書　政策決定者向け要約

視した場合、A1Bはすべてのエネルギー源のバランスを重視した場合のシナリオということだ。環境に対する負荷はA1F1が最も高くなり、A1Bが二番目に、A1Tが三番目に位置することになる。すなわち、この順で温室効果ガスの排出量シナリオは低くなる。

A2は「多元化社会シナリオ」と位置づけられる。多元化とは不均一な世界を想定してのもので、独立独行と地域の独自性が追求される社会である。地域によるばらつきはあるものの、世界の人口増加は続き、地域主導の低経済開発が続き、環境への関心も低い場合のシナリオである。

B1は「持続的発展型社会シナリオ」である。人口については二十一世紀半ばにピークに達した後減少するというA1と同じシナリオであるが、クリーンで省資源の技術が導入され、サービスおよび情報経済に向かった経済構造の急速な変化がともなう点が異なっている。経済、社会及び環境の持続可能性のための地球規模の問題解決に重点が置かれるという意味で環境への関心が高い場合のシナリオである。

B2は、「地域共存型社会シナリオ」である。経済、社会及び環境の持続可能性のための、地域の問題解決に重点が置かれるような世界となるような将来を描いている。世界の人口はA2シナリオよりも緩やかな増加を続け、中間的なレベルでの経済発展と、B1シナリオやA1シナリオほど急速ではないが、より多様な技術変化をともなう世界を描いている。

このように、シナリオの想定には、複雑に絡み合う複雑な要素が鑑みられており、その中の大きな部分を私たちの意思や価値に関わる部分が占めている。

# 第三章

# リスク・マスメディア・高度消費社会

## 一　リスクとマスメディア

　リスクというのは、あくまでも未来に向かっての確率を意味するものであることについて前の章で述べた。したがって、そんなことが本当に起こるのかどうか、実は誰にもわからないのである。しかし、将来あり得るかもしれないことに対して、何らかの対応をいま決めておくということ、配慮しておくということは、(もちろんその内容にもよるが) われわれにとって重要なことである。では、提示された不確実な未来予想図の、その提示方法あるいは提示のタイミングは、誰がどのように決定しているというのだろうか。しかも、その「決定」はどのような類のもので、決定された後、どのように機能していくものなのだろうか。つまり、私たちの生活にどのように影響していくのだろうか。社会学的関心からいって、あるいは社会学徒の務めとしては「決定そのものと、決定が下される過程とその後」について検討課題とせねばならないことについてもすでに述べた。

〝いま・ここ〟でこの身に迫ってこないような「不確実性」は、どのように情報加工され伝えられるのか。さらにいうなら、「不確実なもの」はいかにして「確実な（感じのする）もの」になっていくのか、そこの信頼はどのように構築されるのか、ということについて考えてみよう。

さて、私たちがリスクについて何かしらを知らされるのは、多くの場合新聞やテレビといったマスメディアを通じてであることが多いのではないだろうか。もちろん、現代においてインターネットというメディアを抜きにして、何らかのメディア状況を語ることはできない。したがって、インターネットは別のメディアというよりも従来のマスメディアと相互に補い合う、あるいは相互に参照しあうメディアとしてとらえうるという意味で、ここではインターネットも含めてマスメディアと考えている。いずれにしても私たちは、日常生活の中で不可視なものを可視化するには、つまり分かりやすさを求めるのであれば、何らかの情報加工を当てにするしかない。現状では、その最たるものがテレビ報道、とりわけテレビニュースということになるだろう。しかし、ニュースソースからの情報がそのままに報道され、私たちの知るところとなることは通常ありえない。たとえば、限られた時間の中で分かりやすさと速報性が求められるテレビ報道が、行政府などによるプレスリリースの文言あるいはその背後にあるデータを一言一句伝えるということは通常ないだろう。そこで何が視聴者の興味をひきつけるのか、情報の取捨選択が行われる。

マスメディアにおいて、リスクがどのように扱われるのかということについては、すでに多くの議論が蓄積されてきている。たとえばマスメディアによって科学がどのように提示されるのか、誰がいかなる理由でリスクや怖れを規定しているのかなどの議論が展開されてきている。また「私たちが何を重要なトピックと考えるのか」という問いの前提には、「その『何』をどれだけ知っているのか」という問いがあるはずだ。リスクに関連した「何」である場合、ほとんどの場合不可視のものについて形を与え説明が加えられた上で、私たちは普通知ることになる。この過程において、マスメディアは圧倒的に重要な役割を果たしている。マスコミュニケーション研究の分野の中に「アジェンダセッティング」という非常に重要な位置を占めてきた研究テーマがある。「議題設定」と日本語訳して使用される場合もある。いかにアジェンダが設定されているのか、という問いが重要視されているということだ。たとえば、新型インフルエンザの流行はかねてからすでに危惧されていたのであるが、それがまだ起こっていない段階であっても、季節性インフルエンザ罹患のためのタミフルの服用によると思われる異常行動との関連などで多くの報道がなされていた（柄本　二〇〇六）。

ところでニュースとは、かなり加工された情報とはいえ、ある種の「事実」の一端を、あるいは「起こったこと」を報じるのが通常である。もちろん開催される予定の（まだ始まっていない）大きなイベントについて報道されることもある。しかし、リスクに関わるニュースの場合、何らかの結果が報じられることよりもむしろ今後何かが起こりうる可能性が報じられることも多くなってくる。たとえば、二〇〇七年七月に新潟県中越沖地震が起こった際には、東京電力柏崎刈羽原子力発電所内の一施設からもうもうと立ち上る黒煙が繰り返し報道された。ニュース報道の中で特に焦点が当てられたのは、目に見えず、においもしない放射能漏れについてであった。

確実性に欠け、現在の問題ではなく、またほとんどの場合不可視なもの、そのようなことはいったいどのようにしてニュースになるのだろうか。ここで重要なのは、ニュースソース（情報提供者）と報じる者たち（送り手）との関係である。また、「なぜ今これが報じられたのか」ということ以上に重要なのが「なぜ報じられなかったのか」ということである。さらにオーディエンスとメディアとソースとの関連で見ていく必要がある。しかし実際の情報の流れは、情報源→メディア→オーディエンスといった単純なものではないし、一方向的なものでもない。オーディエンスの反応によって報じられる内容が変わったり、メディアの報じ方をみて情報源が情報の流し方を変えたりするということもありうる。

また、たとえば環境リスクの報道に関し、ハンセンは情報源の偏りについて次のように述べている。「ほとんど例外なく、メディアの報道で引用される情報源や、環境問題を定義づける主体が、圧倒的に公共の権威ある機関、政府代表、産業界やビジネス界、独立の科学者である」（ハンセン、二〇〇一、六九頁）ことを、マスメディアの環境報道に関するこれまでの研究結果が示しているというのだ。これをして、彼は「権威志向的」であるとしている。日本でもこの傾向はたしかにある。さまざまなリスク報道で、政府機関や、政府代表が登場する「画像」を見たことがある人は多いだろう。カイワレ大根が騒ぎになればカイワレ大根を食べて見せ、アメリカ産牛肉がＢＳＥがらみで問題になればアメリカ産牛肉を食べて見せる、ということまで閣僚がするのだ。これもまたある意味で「権威志向的」リスク報道ということになるだろう（視聴者がその「茶番」を真に受けているかどうか、という問題はまったく別の話である）。

ところで私たちは、何らかの情報を入手する際にどのようなメディアに信頼性をおいているのだろうか。それがしかも、自らの生活や健康に対して脅威を与えるかもしれないリスクに関する情報を入手する際にはどうなのだろうか。メディアの信頼性に関する調査は数々あるが、おおむねいえることは、全体的にその信頼性が低下してきているということである。かつてかなり高い信頼性を保持していたNHKや全国紙新聞なども、ほかのマスメディアとの差が縮まってきているといわれている。信頼性ということでは、インターネットをはじめとした新しい情報技術についても当然考慮されねばならない。二〇一〇年現在の時点でいえることは、インターネット上の情報というものがリスクの構築に対し、いかに影響を及ぼしているかということを社会学は無視できないということだ。インターネットと一言でいっても、そこへのアクセス方法ひとつとっても多様になってきている。それは家庭でのPCからのアクセスかもしれないし、あるいはもっと簡便な携帯電話からのアクセスかもしれない。また、たんにアクセスするだけでなく、何らかのリスクに関する情報や見解の蓄積に、誰でもが簡単に参与できる機会も増えてきている。そこに参加するのは、かつてのように送り手としてあるいは情報発信者として何らかの優位な状況にある人だけではなく、当然専門家だけではない。

ここで前の章の信頼の議論を思い出してもらいたい。根本的に問わねばならない問い、それは「はたして私たちは信頼性を求めているのだろうか」ということだ。信頼できるかどうかよりも、たとえばおもしろいかどうか、あるいは刺激的かどうか等の方が優先順位が高くなることはないだろうか。

メディアを通してリスクに関する何らかを私たちが理解しようとする過程において、送り手の「科学的知識の不足」あるいは「センセーショナリズム」「視聴率競争」「コマーシャリズム」といった批判が可能かもしれないし、実際に報道いかんによっては深刻な「風評被害」が生じる事もありうる。しかし、マスコミュニケーションもまた、なんらかのリスクを構築するひとつの装置にすぎないと考えた場合、これをマスメディアに内在する固有の責任と片付けてしまうことは単純すぎるであろう。

現在「科学的に不確実なもの」をめぐりさまざまな形で行われているリスクをめぐる情報伝達過程そのものに「科学的不確実性」が内包されているのである。情報の受け手の側も、マスメディアとそれ以外の情報リソースも（ある場合は）積極的に活用しつつ、自らの文脈に情報を埋め込んで（ギデンズのいう再埋め込み）いこうとしている。したがって、その人それぞれの「不確実なもの」についてのアセスメントは、実は「ディスコミュニケーション」という不可能性をあわせ持つことを確認すべきである。何らかのリスクをめぐるコミュニケーション過程において、ある立場の人びとにだけに「科学的正しさ」が占有され、「消費者」／「国民」／「視聴者」に対して「科学的に正しい理解」が求められることがしばしばありうる。つまり、食品リスクの事例などに顕著であるが、視聴者に対して一方的に科学的リテラシーが求められる局面が多発している。専門家や科学者および行政府関係者などのニュースソースからは、正しく理解していないがゆえに間違った行動を引き起こした、あるいは人びとは無理解ゆえに不要な疑問を発していると説明されるのである。しかし、あふれる「科学的説明」を前にして「疑問を発せられない状態」こそが、いずれにしても回避されるべきではないだろうか。不確実なものに対し疑問を発することと自体に「正しさ」は必要ない。もちろん、科学的知識の習得は不要であるということではなく、高度に専門的な知識（それも「現時点のデータでは」等といった常に限定が付いている知識）だけに「正しさ」が占有されることによる「ディスコミュニケーション」が問題化されるべきであろう。不確実性について誰にも責任を問えない構造が作られ、一方でプレスリリースの際に使用する文言の選別のような周到なメディア操作が行われ、また「消費者」「国民」は「社会的合意」という言質をとられる。このようなコミュニケーション過程について私たちは批判的に考察する必要がある。

## 二　コマーシャルに使えるリスク／使えないリスク

　さてマスメディアの中のリスクは、何もまじめなニュースとしてとりあげられるばかりではない。コマーシャルの中にもリスク言説はちりばめられている。いまさらの指摘になるが、われわれが生きているのは高度消費社会である。高度消費社会においては、ありとあらゆるものが消費財となりうる。リスクであっても例外ではない。リスクをうまく活用することで多大なるビジネスチャンスを生み出す状況はすでにできており、人びとの消費行動においてもリスクとの関連はもはや否定できない。

　わかりやすい事例でいえば、環境リスクに配慮するということは、今日さまざまな場面で印象操作に使用されている。エネルギー関連の企業による省エネの広告はもちろん、政府がいかに環境問題に取り組んでいるのか、ということも広告になるのである。「何らかの環境問題に配慮している私」でさえも、このこと自体が印象をよりよいものにするという下地は出来上がっている。

「環境に配慮した」「地球にやさしい」、あるいは「エコ」というただの二文字であっても、商品やサービス、プラスのイメージなどを売るキャッチフレーズとして有効と考えられているからこそ、これらが私たちの消費生活にあふれているのだ。そもそもいかなる企業であれ、その組織としての存在意義は、あるいは存立の目的は利益を上げるということである。その活動そのものが実は環境に負荷をかけている、という事実を抜きにして語られてはいないだろうか。たとえば、エコ商品を売る店内の冷房はキンキンに冷えていないだろうか。買わないことが、地球にいちばんやさしかったりはしないだろうか。しかし、「エコポイント」が典型的な事例であるが、現実には消費を促進することに環境問題（とりわけ気候変動問題の地球温暖化）が使われている。経済成長しながら環境問題を解決する、という耳ざわりのいい（あるいは都合のいい）ことは可能なのだろうか。根本的な問題がおざなりにされてはいないか。ひとりひとりのちまちました消費行動のその前に、より根本的かつより大規模になされている経済活動の反省が必要ではないだろうか。

一方で、人びとが何かを購入し、企業に利益をもたらすことによって「地球にやさしい」自分、あるいはロハスな自分を確認するということに過ぎないのであれば、それはこれまで消費社会において次々に登場してきた欲望喚起戦略のひとつにすぎない。つまり欲望とは社会的に作られているのである。

またここで問題にせねばならないのは、コマーシャルに使える「環境問題」は何でもいいわけではないということだ。コマーシャルに使用されモノを売れる（欲望

**ロハス（LOHAS : Lifestyles of Health and Sustainability）**

健康や環境（問題）に関心の高い人びとのライフスタイルのこと。「エコ」という語とも取り換え可能な場合がほとんどである。いずれにしても、さまざまな消費促進につながる語となっている。

を喚起する）環境問題とそうでない環境問題がある。コマーシャルに決して使用され得ない環境問題にどのような例が挙げられるか考えてみてほしい。ついでに述べると、環境省の環境問題に対する態度にも非常に幅がある。国および熊本県の責任を認めた二〇〇四年の関西訴訟最高裁判決を受けた水俣病の認定基準見直しについてこわばった表情で会見する時と、チームマイナス六％運動関連のイベントでエコ風呂敷片手ににこやかに登場する時とでは、同じ元環境省大臣（小池百合子）とは思えないほど態度が異なっていたこととも無縁ではない。

私たちの消費生活とリスク言説がいかに強力に結びついているか、ということについて、またさらなる消費をうながすためにはリスク言説がとても適しているということについて、ベックも『リスク社会』の中で次のように述べている。

> 「リスクは資本主義的発達の論理から切断されるのではなく、むしろその論理を新たな段階に押し上げるのである。近代化に伴うリスクはビッグ・ビジネスとなる。リスクは経営者が捜し求める無限の需要となる。（中略）文明社会のリスクは、底が抜け、塞ぐことのできない、限りなく自己増殖する欲望の桶である。（中略）産業社会は、産業社会によって解き放たれたリスクを経済的に利用する。それによって産業社会がさらにリスク社会のリスク状況と政治の潜在的可能性をも作り出すのである。」
> （二一九－二二〇頁）

**チームマイナス6パーセント運動**

地球温暖化の一因とされる温室効果ガス削減のため、国民がチームとなり一丸となって取り組もうという日本政府主導の「明るい」啓発活動。「蛇口はこまめにしめよう」「エコ製品を選んで買おう」などといったスローガンが含まれ、クールビズやウォームビズといった語により「明るく」消費を促進した。ピーターラビットなどもチーム員である。二〇一〇年からは「チャレンジ25キャンペーン」と称している。

消費生活はどのように、そしてどのようなベックのいう「新たな段階」に押し上げられようとしているのか。この点について、今後さらに検討する必要がある。またガードナーも『リスクにあなたは騙される』の中で、以下のように述べている。「私たちは歴史上最も健康で、最も裕福で、最も長生きな人間である。そして、私たちはますます怖がるようになりつつある。これは現代の大きなパラドックスの一つである」（一九頁）。そして、リスク社会において提示されるさまざまな恐怖は「素晴らしいマーケティング・ツールである。だから、テレビをつければ、あるいは新聞を開けば、いつも恐怖が利用されて」おり、「恐怖は売り物になる。恐怖は儲かる」（二五頁）とも述べ、リスクがいかに商機とつながっているか議論している。

## 三　地球温暖化とポップカルチャー

二〇〇七年、新宿にあるデパート伊勢丹でアニヤ・ハインドマーチという人気ブランドの「エコバッグ」が発売された。このバッグには“I'm not a plastic bag”と大書してある。このバッグを求めるため、販売前日の夜から長蛇の列ができ話題となった。社会学の立場からは、このような「おちゃらけた現象」も地球温暖化論の一環としてまじめに学問の対象とする必要がある。エネルギーを消費する者たちにとって、日々二酸化炭素の排出量についてメッセージを受け取る人びとにとって、日常を生きる人びとにとって、京都議定書や政府間パネル（IPCC）のニュースと、省エネの話と、ブランド物のエコバッグの話とはすべて地続きである。「エコバッグ」と称するモノを手に入れるために前日から新宿伊勢丹に並んだ人たちは、さぞかし地球の将来について憂えていたのだろうか。このバッグを手に入れることができなかった人びとは、ブランド側に対して再販の問い合わせをした。その回答が以下である。

写真１　ブランドもののエコバッグ

"I'm Not A Plastic Bag" は、環境保護団体との提携キャンペーンの中でアニヤ・ハインドマーチとして世界中の人々に、環境問題を自分の問題として真剣に考え直すための、一つのきっかけ、メッセージとなれば、という意図で企画、製造されたものです。そのため、期間・数量限定で販売させていただきました。なにとぞご理解賜りますようお願い申し上げます。

はたして、この「エコバッグ」を求めて新宿伊勢丹に並んだ人たちが「環境問題を自分の問題として真剣に考え直」したのかどうかはともかく、地球環境問題はこのようにも現象として表れているということを問題にしたい。笑ってすませればいいことの中に笑ってすませられないようなことが潜んでいる。

環境について考えるということは、現代社会においてもはやファッションとなっている。『ソトコト』という雑誌があり、先述した（五二頁）ＬＯＨＡＳという言葉も生まれた。ベストセラーとなった三浦展の『下流社会』（二〇〇五、光文社新書）では、比較的高学歴、高所得だが出世志向が弱いというロハス系男が登場する。もはや「エコ」という言葉は独り歩きし、倫理となり価値となり私たちの行動規範となっている。一方で、ありとあらゆるポップカルチャーと分かちがたく結びついている。ちなみに、ポップカルチャー研究は、社会学の中では確固とした潮流を作っており、社会学を専攻する大学生の卒業論文のテーマとしては「定番」といってもよいだろう。

リスク言説がいかに商機と結びついているか。このことについて、環境リスクの事例で考えてみると、環境リスクの中でもとくに高度消費社会と親和性が高いといえそうなのが、地球温暖化だ。それに歯止めをかけるために、私たちは日々その要因のひとつであるＣ$O_2$削減に励むようメッセージを受けている。本来は経済の進展こそが、別の言い方をすれば私たちの大量生産・大量消費・大量廃棄の消費生活こそが、温暖化の根源であるはずだ。しかし、その大きな構造はそのままである。というかむしろ、大きな構造の維持に地球温暖化問題は貢献している。換言すると、すでに豊かになってしまった人たちに対して、新たな消費の理由を与えることに貢献しているのである。つまり、新たなニーズを作り出している（図2）。

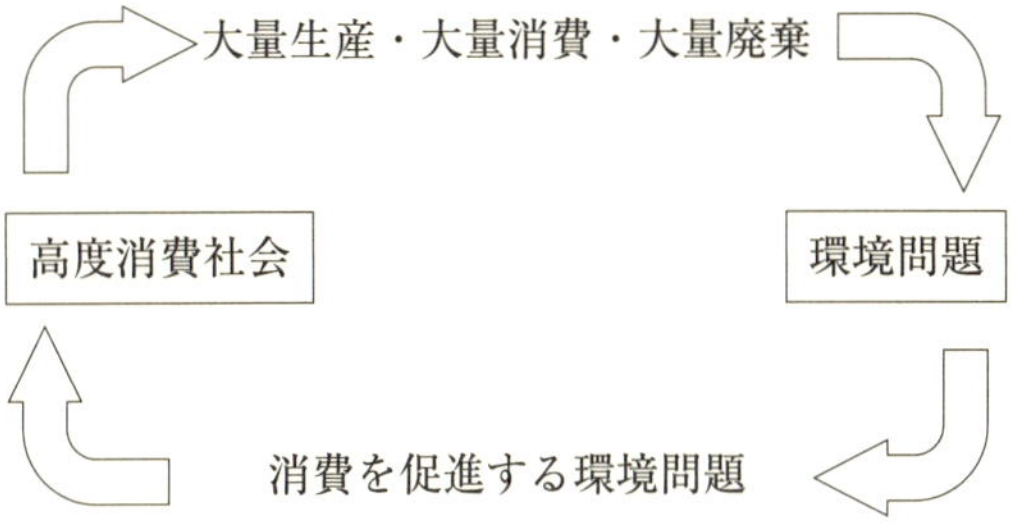


図2　高度消費社会と環境問題の関連

環境をめぐる危機的状況は、私たちの消費生活や生産活動を管理するために非常に説得力のある理由を提供してくれる。環境のためである地球のためであるといわれたらなかなか反論できない。このような有無をいわさぬ危機管理を揶揄する言葉のひとつとして「エコ・ファシズム」という言葉がある。

「エコ」の元になっている「エコロジー」という言葉は本来「生態学」を意味している。しかし、もはやその言葉が指し示す内容は、その域にとどまっていない。私たちは生態学の話をしない時にでも（そもそもほとんどの人にとって生態学の話は日常的ではないだろう）「エコ」という言葉を連発して使用している。あるいは使用可能にしている。その際、この言葉にはいったい何を内容として含んでいるのだろうか。

もはやエコロジーという言葉の意味は拡散し（あるいは集約か）、しかもエコ・ファシズムの新たな進化形について考える必要がある。それがグリーンウォッシュを含むエコ消費社会であり、エコ利権である。

「専門的知見に裏打ちされたまじめな環境問題の議論だけを考察対象にすればいいのであって、ふざけていて下品で科学的知識のかけらもないような下らない言説を議論の俎上に載せる必要はない。そんなことを議論して何になるのか。そんな輩を相手にせずまじめに環境問題を議論しようじゃないか。」……といった立場には、私は真っ向から反論する。地球温暖化は、少なくとも現代社会において新たに何かを消費させるための、ある一定の価値を正当化するための、あるいは現在への反省と配慮を促すための格好の材料となっているのだ。それは温暖化は本当なのかウソなのかといった議論とはまったく別の次元の話である。少なくとも私たちの日常生活には、温暖化の言説がたとえば「エコ」というポップな形で侵犯してきているのである。これを考察の対象にしない理由は、少なくとも社会学者にあるはずがない。

最後に、先述したコマーシャルに使えないリスクと同様、ポップカルチャーと決して結びつかない類の「環境問題」があることを指摘しておく。それは例えば「公害」である。水俣病の問題がいまだに解決されていないことをここで長く記述するスペースはないが、たとえば「環境問題とは？」と問うた時に、高校生や大学生が真っ先に挙げるのが「地球温暖化」というのが常である。消費やポップカルチャーとすでに強力に結びついている「問題」がまず思い浮かぶのだ。

喫茶室

### エコポイントとグリーンウォッシュ

日本の環境政策は、「経済成長とともに環境問題の解決を図る」という路線を取ってきている。その典型的な事例として二〇〇九年五月一五日から政府主導で導入された「エコポイント」制度が挙げられる。エネルギー効率が良いとされる新製品を買うことによって、温室効果ガスの削減をめざすということである。対象商品は、エアコン、冷蔵庫、地上デジタル放送対応テレビである。

エコポイントといっても、大型のもの（つまり消費電力の大きいもの、つまり環境により多く負荷をかけるもの）を買った方が、ポイントはより高くなる仕組みになっている。たとえばテレビの場合、46型以上なら三六〇〇〇点、37型は一七〇〇〇点、32型は一二〇〇〇点となっている。獲得ポイントに応じて商品券や他の製品（省エネ・環境配慮製品など）をさらに獲得することになる。

エコポイントに限らず、「地球にやさしく、環境に配慮した、エコ商品、エコサービス」は、現代社会において基本的に消費をうながすものとなっている。不要不急のものを買う（買わせる）際に、「エコ」というキーワードは、売る側にも買う側にも絶好の理由を与えてくれる。環境に負荷をかけている、あるいは無駄な消費をしているということを忘れさせてくれる魔法の言葉といってもいいだろう。

さて、グリーンウォッシュという言葉がある。うわべだけのごまかしや、一時しのぎのとりつくろいといったような意味で使われる「ホワイトウォッシュ」という言葉のグリーンヴァージョンである。つまり、環境（問題）に関心が高いことをスローガンとして使用することで、何らかの製品やサービスを売ろうとすることを主に指している。つまり、モノやサービスを売るために「グリーン」イメージが使用されているというわけだ。エコポイントもまた、グリーンウォッシュの典型的な事例といえよう。

私たちの身の回りには多くのグリーンウォッシュがあふれている。これを買うことが本当に地球を救うことになるのか、と考えてみると、ほとんどの場合買わないことの方が断然地球にはやさしかったりするかもしれないのである。不要不急の買い物をくりかえしてはたして地球を救えるのだろうか。

# 第四章

# 健康をめぐる身体リスク

## 一　社会の中でつくられる欲望

コンビニエンスストアに行くと、ペットボトル入りのお茶がたくさん売られている。約二〇年前には、ペットボトル飲料はなかった。わざわざお茶を買うとか水を買うという行動は、少なくとも当時の日本社会において非日常のものであった。そもそも冷たい緑茶を飲むという習慣は今ほど広汎にみられるものではなかった。さて現在、店内に何種類も並ぶペットボトル飲料の中から一本を選ぶということは、特に知識を必要とすることもなく、小さな子どもたちも含め私たちは日常的に繰り返している。しかし、ここで「なぜ？　どうしてそれを選ぶのか？」という問いを思い起こしてみよう。その背後には、やはりリスク言説が深くかかわっているのだ。

このことは、高度消費社会において欲望というものがどのように創出されているのか、ということと深くかかわっている。欲望というとひとりの人間の内側からふつふつと沸いて出てくるもののように思われるかもしれないが、社会学的には、「そのようなものと解される可能性のある欲望」なるものが、いかに社会的影響を受けて形成されているか、という側面から説明していく。今これだけモノが溢れていて、種類があって、私たちはその中から一本あるいは一個を選ぶことを可能にしているわけだ。いかにしてかつてなかったお茶や水に対して「買いたい」「飲みたい」という欲望が作られていったのか、そういう説明をしていく。

さて、高度消費社会を生きていく中で、生物として生きながらえるための私たちの欲求は、(厳しい貧困状況にある人びとを除き) ほとんど満たされているといってもいいだろう。そういった消費者に対してさらに物を売っていく。高度消費社会においては、そういうふうに動かざるを得ない。これをわかりやすく「消費のはしごをのぼらせる」という言い方をしよう。消費のはしごをどんどんのぼらせていかないと、高度消費社会は成り立っていかないわけで、もうお腹いっぱいで、のども乾いていない、服もバッグもたくさん持っている、そういった人たちにさらに新しい物を買わせるためには、どうしたらいいのかという戦略は、前の章でみたアニヤ・ハインドマーチというブランドもののエコバッグの事例のように、リスク言説と非常になじむ。この章で論じる健康リスクも同様である。

それにはいろいろな戦略があるだろうが、典型的には、今まで出来なかったことができるようになる、同じ機能の物が存在したがさらに機能が良くなる（携帯電話などが顕著な事例ではないだろうか）、手間が省ける、時間が節約できるなどといったことが、すでに満たされすでに持っている消費者にさらに物を買わせるための有効な戦略になっている。したがって、耐久性の向上、環境への配慮、資源の節約ということよりも、簡便性、利便性が重視される場合も多い。そういった社会に私たちは生きているということは、さまざまな事例によって確認できる。新しい需要を生み出すために、ちょっとの技術改良がなされるとか、わずかな付随的機能が付加されていくといったことが有効なわけだ。お茶もまさにそうである。区別のない味なのに、そこに「差異」をつけて大々的に宣伝していき、従来製品との「差異」を強調していく。まさに違いをどうやってつけていくのか、こういうことが消費社会論的には重要になってくる。そして今日、他のモノとの違い（差異）を生み出す重要かつ説得力ある装置がリスクであり、「健康のため」という言説なのである。

## 二　エンターテインメント化したリスク言説

さて、リスクという未来の可能性についての報道は日常的で、もはやエンターテインメントにさえなってきている。そのリスクがたとえ身体に深刻な悪影響を及ぼす可能性についてであったとしても、たとえばテレビは分かりやすく伝えることを使命としている。ニュース番組でさえも娯楽化してきており、キャスターあるいはコメンテーターとして芸能人などが登場し、分かりやすすぎる言葉を繰り出している。野菜や肉や魚をはじめとしてありふれた食品や飲料および嗜好品に含まれる何らかの成分が身体によい、頭によい、子どもによいということを伝えるテレビ番組……といえばいくつかの番組が思い浮かぶであろう。それは「生活習慣病」あるいは「キレる子」になる可能性を避ける情報、つまり食によってリスクを回避する情報をエンターテインメント化して放送しているのだ。

テレビ番組の中だけで食（品）がリスクとの関わりで語られているわけではない。たとえばテレビコマーシャルはどうだろうか。あるいは、商品パッケージやその他の広告はどうだろうか。加工食品についてもまた、そのPRのために含有成分を強調する手法は私達の周りにあふれかえっている。そしてこの手法は、消費者の「的確な誤読」に依存している（柄本　二〇〇七）。つまり、「燃焼系」「動いて燃やそう」「燃える」と語りかけるコマーシャルに接した時、それは「脂肪が燃えるのだ」と理解する人がほとんどであろう。しかし、コマーシャル内ではひと言もそのようには語っていない。ただ「燃える」といっているだけである。ただ「アミノ酸」「イノシトール・カルニチン」「カテキン」という物質が入っているといっているだけだ。そして、この消費者の「的確な誤読」に依存してモノを売るという戦略は、厚生労働省より科学的お墨付きを得ている特定保健用食品についても同様である。

ビールの話をしよう。写真は、スーパーマーケットでよく見かける、いわゆる「POP（ポップ）」とよばれているもののひとつである。このようなポップに限らず、さまざまな商品、とりわけ食品のパッケージなどには身体あるいは健康に関する情報が載っているということ

写真2　ビールのポップ

は、私たちにとってあたり前の日常になっている。さて、写真のポップには「ビールには、マグネシウム、カルシウム、カリウム、ビタミンB1、B2、B6、葉酸、パントテン酸、ナイアシン、ビオチン、ポリフェノールなどが含まれています。動脈硬化予防、肥満予防、毛細血管強化、整腸作用、食欲増進、自律神経安定、快眠に効果があります。ビールは、料理に使うと成分を吸収し健康効果を高めます」と書いてある。これは、スーパーが思いつくままに適当なことを書いているのではなく「午後は○○おもいッきりテレビ」(日本テレビ系)で、このように放映されたのだ。ビールは薬だったのか、と思ってしまうくらい、ビール好きにはたまらない説明であり、ビールを飲むための絶好の言い訳となるかもしれない。含まれている成分(科学の言葉が使われる)によって何らかの健康リスクを避けることを意味するこのような言説は、私たちの身の回りにありふれていないだろうか。

他にも、テレビ番組で、ブロッコリーやココアやキムチが何らかの健康リスクを回避するために良いと放映されると、売り切れ店が続出するという現象は繰り返し生じている。記憶に新しいところでは、二〇〇八年にバナナダイエットがブームとなり、一時期バナナがなかなか手に入らなくなった。この時もきっかけはテレビでの放送であった。このように、テレビ番組を中心としたマスメディアにおいて健康関連の情報が流され、そこで身体によいと(あるいは痩せると)紹介される何らかの食品がバカ売れするという現象はいまだに繰り返されている。何ら新鮮味のないモノ（例えばバナナ）が、突然今までとはちがったモノ（例えばバナナ）に見えてくる、つまりそこに差異が発見されることによって、消費が促されるわけだ。

さらに、健康リスクに関するテレビ番組の二次利用の事例についてみてみよう。

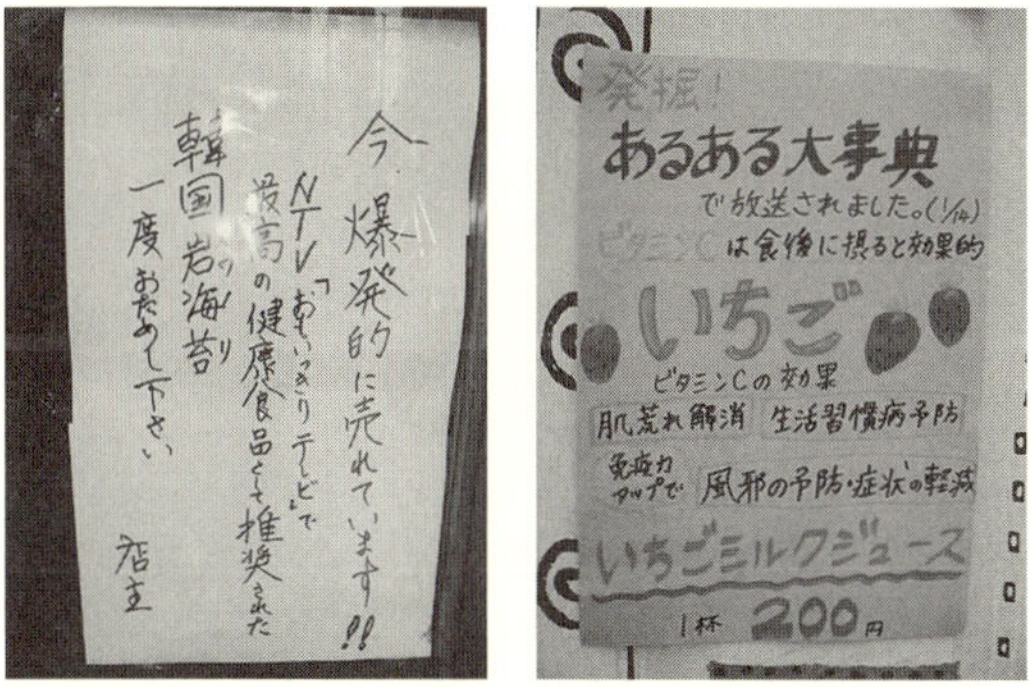


写真3　テレビ番組の二次利用

写真3のポスターがどこにあったのかというと、右のポスターは著者の実家がある宮崎県日向市（という市とは名ばかりの町）のスーパーの中である。ドリンクコーナーという一角があり、そこにいちごミルクジュースが売っていた。そこに貼られていたお手製の広告である。「ビタミンCは食後に摂ると効果的です。ビタミンCの効果として、肌荒れの解消、生活習慣病予防、免疫力アップで風邪の予防、症状の軽減」と「あるある大事典」で放映されたということが、手書きのポスターとなって貼られているわけだ。さらにもう一枚の写真（左）は、著者が住んでいる東

京のキムチ屋さんに、テレビ放送の直後、店主手書きのポスターが貼られていたものだ。「今、爆発的に売れています。おもいっきりテレビで最高の健康食品として推奨された韓国岩海苔、一度お試し下さい。店主」。つまり、何かモノを売る時に、テレビでこのように放送されるとか、身体にいい（つまり何らかのリスクが回避できる）と放送されると、それでモノを売るという言葉の使い方というのが、私たちの周りに溢れているということである。

## 三　身体をめぐるリスク

この章ではつまり、直接私たちの身体に向けられた関心について考えている。特に健康について考えているわけだが、健康とはまさに、日常生活の中でもっとも広く深くリスク言説を生み出す領域である。

健康を目指すということが国民としての責務となっていることを知っているだろうか。二〇〇二年に成立した「健康増進法」の第二条では次のように「国民の責務」が明示されている。「国民は健康な生活習慣の重要性に対する関心と理解を深め、生涯に渡って、自らの健康状態を自覚するとともに、健康の増進に努めなければならない」。この「健康増進法」では、憲法第二十五条で「すべて国民は健康で

**プライマリーヘルスケア　(Primary Health Care)**
すべての人にとって医療（機関）を身近なものとし、地域等でのアクセスしやすさを重視する（させる）ための概念。

文化的な最低限度の生活を営む権利を有する」といったように、「権利」であったはずの健康が、一生涯私たちが「国民」として負うことになる「責務」へと変換されている。つまり、かつては集団として最低限度の権利を保障せよということであって、健康とは何かをなすための手段であったはずだ。しかし、今日もはや私たちは健康を目指すべきである、と様々な局面において指示されているのである。健康をめざすということは、もはやブームなどというものではなく、「私の個人的なことがら」でもない。つまり、健康とは国をあげての目的なのである。

　関連して、「生活習慣病」という言説の使用選択は一九九六年に突然始まったもので、その言説の誕生の背景には、少子高齢化という「人口構造の変化」と、感染症などの急性期疾患から生活習慣病を中心とした慢性期疾患へという「疾病構造の変化」という二つの理由づけがあった。しかし、健常時の不適切な生活習慣（不適切な食習慣、運動不足、睡眠不足、飲酒・喫煙など）の改善を視野に含んだ「病名」であって、「生活習慣病」という病いに罹る人が現実にいるということではない。「生活習慣病」という言説の使用選択によって、効果的にプライマリーヘルスケアを推進しようとしているのが、糖尿病、肥満症、高脂血症（いわゆる血液ドロドロ）、高血圧症などである。「生活習慣病予防」とは、実際に罹る者は誰もいない病気の予防であって、けれど健常時から私たちの日常の行為を規定する〝不可能な抽象〟

なのだ。先に述べたギデンズのいうところの象徴通票として機能しているといえよう。

しかし、逆に健康な状況を規定することは実は難しい。責務としての健康とは、常に未来の健康を意味している。そして現在の健康については問われない。現在は反省するためだけにあるのだ。未来に配慮する主体の生産、ともいいうるだろう。現在は、常に反省の対象として存在する。未来の身体に及ぶかもしれないリスクを排除することが求められる。あるいはより適切な言い方をするならば、リスク生産こそが健康言説を強力に支えるものとなっているのだ。

先に述べたように高度消費社会においては、消費者たちは常に消費のはしごを登っていくことが要求される。「健康の自己目的化」こそが、消費のはしごをのぼらせて行くときに、非常に有効になっている。つまり、健康それ自体が、あるいは健康を目指すことそれ自体が目的化しているということである。このように述べると、それは当り前ではないかと思う人も多いに違いない。つまり、健康を目指すことというのは、呼吸をすることに等しいくらい当たり前のことになっているのが今の時代だ。しかし、たとえば先述したように、憲法第二十五条にある「国民の健康」というのは、国民の権利であったはずだ。教育を受けたり、労働をするためには、健康でなければならない、健康であることが保証されていなければいけない、ということであって、本来健康は手段でこそあれ目的ではなかったはずだ。

しかし、「健康増進法」が成立施行され、日本国民にとって健康であることは責務とさえなり、健康を目指すというのは、終わりのない願いであるがゆえ、健康リスク言説は延々と消費のはしごを登らせていくことに成功している。

## 四　「メタボリックシンドローム」シンドローム

とにかく消費のはしごをのぼらせる際限のない欲望を作り出すという意味では、「健康不安」というのは非常にうまく機能している。それを強力にバックアップしているのが、法律、制度、政治の言葉といえる。まさに国家の言葉が、私たちの上にのしかかってきている。さまざまな小さな現象として身体に良い物が売り切れるとか、ブームが繰り返されるとかいったものの、そのバックには強力な言葉というものがあるわけだ。以下のメタボリックシンドロームの話もその延長線上にある。

以下は『男九十八%、女九十二%が「不健康」？』にあてはまってしまうのではないかという二〇〇六年の記事である。メタボリックシンドロームという言葉も新しく考えられ、「生活習慣病」同様瞬く間に世の中に広がっていった。

男九十八％　女九十二％が「不健康」!?　二〇〇八年度導入　新基準で判定厳しすぎ?　不安助長の恐れも

メタボリック・シンドローム（内臓脂肪症候群）などを防ぐために厚生労働省が二〇〇八年度から導入する健康診断・保健指導の基準では、受診者のうち何らかの異常を指摘される割合が男性の九十八％、女性でも九十二％に上る、との推計を大櫛陽一・東海大教授（医学教育情報学）がまとめた。一九日からの日本病院管理学会で発表する。大半の人が「不健康」とされる事態で、健康不安を広げる恐れもありそうだ。

厚労省は、腹部に脂肪がたまる内臓脂肪症候群が、心臓病、脳卒中などの原因になるとして、健保組合など医療保険者に対し、四〇～七四歳の加入者に食生活や運動習慣を改善する保健指導を行うよう義務づける。基準値として空腹時血糖一〇〇、中性脂肪一五〇、最高血圧一三〇、悪玉コレステロールとも言われるＬＤＬコレステロール一二〇などを設定、これらの数値以上の場合が指導対象になる。異常の項目が多い人ほど積極的に指導する。

大櫛教授が、日本総合健診医学会による四〇～七四歳の男女四十二万人の健診データを基に、これらの基準値以上となる人の割合を算出したところ、男性では、血糖値で五十％に上るほか、血圧では四十三％、ＬＤＬコレステロールで五十四％となった。一項目でも基準値以上となる人は、男性の九十八％、女性でも九十二％に達する。基準値が医学会の診断基準より低いためとみられる。大櫛教授は「これでは本来は健康的な人まで『異常』と判定され、健康不安を助長する恐れがある。基準値の見直しが必要だ」と指摘する。

厚労省は「糖尿病、高血圧などを二十五％減らすことが目標。基準値は学会の意見も参考にしたが、暫定的なものだ」と説明している。（二〇〇六年一〇月一八日付読売新聞）

このような「基準」にあてはめる時、非常に多くの人が「私やばいかも？」という認識をする可能性があるだろうということだ。「やばいかも？」と認識した人は、どうにかしなければいけないと思うはずで、まさにそれが欲望を作り出すということになる。非常においしいマーケットが形成されるわけだ。お腹の周りを測るだけでリスクが可視化されるようになるという意味でもメタボリックシンドロームは巧妙である。欲望喚起装置の原動力としてのリスク言説の、その強靭なパワーはまさに「健康リスク」という分野において最大限に発揮されているといってよいかもしれない。その三日後に出た朝日新聞夕刊の「メタボリック　商機あり」という記事が以下である。見出しにある「太る市場」というのは、デフレだとか不況だとか、物が売れないといわれる時代に、でも何かを売るという意味で非常にうまく機能している。

メタボリック商機あり　太る市場二千万人　資格・就職熱視線

脳卒中や糖尿病などの生活習慣病を引き起こす「メタボリックシンドローム」（内臓脂肪症候群）。今年になって大々的に知られるようになった「国民病」に、医師会や大学、フィットネス業界などが熱い視線を送っている。人気がなかった運動指導の資格を復権させたい国や医師会、就職支援につなげたい大学、商機ともくろむ健康関連業界……。目指すは、予備軍を含め約二千万人といわれる大市場だ。（二〇〇六年一〇月二二日付　朝日新聞）

この記事の中では、「健康運動指導士」「健康スポーツ医」「人間ドック健診情報管理指導士」の養成やフィットネス業界について報道されている。各方面において、メタボリック症候群（という新しいリスク）の誕生は、新たなる商機を意味することとなっている。

これを食べるとどうなるのか、このままだと私の体はどうなってしまうのか、この私の（あるいは子どもの）身体に今後どういう影響があるのか……。生き物として、かねてから考えることなしに営々と行ってきたもろもろについて、たとえばたかだか食べることについて、私たちはなぜこれほどまでに考えるようになったのか。テレビをはじめとしたマスメディアからは日々、さまざまな形で私たち視聴者に向かって健康リスクに関する何らかの情報が絶えず溢れ出している。それで、なぜ私たちは知らされ考えねばならないのか。食べたいものを好きなだけ食べればいいではないか、満腹になればそれで結構ではないか、今元気ならそれでいいではないか、という時代に私たちはもはや生きていないからだ。

ところで、「食べる」という行為はまた、生物として生きながらえるために無条件に行わなければいけない行為であるが、いかなる意味においてもそれは社会的行為である。つまり、「今日は何を食べようか」という一見するとフリーな選択であるかのような一切が、ある一定の社会的限定の中からの選択でしかないのだ。その限定とは、経済的にも歴史的にも制度的にも、私たちの個人的な思考や嗜好以前に決定されている。消費者として国民として視聴者として人びとは、個人的かつ主観的行為決定の前に存在する決定について知らねばならない。もっと正確に言えばその「科学的正しさを不問にせねばならない」時代に生きていることに自覚的である必要がある。

さて以上のように、前の章で検討した「エコ」とこの章で検討した「健康」とはいずれも高度消費社会をさらに高度化させるべく下支えしている強靭な言説という意味で、現代社会においてはまったく類似の現象をうみだしている。「エコ」と「健康」に共通するものをここで抽出してみよう。それがまさに「リスク」であり

「欲望喚起装置」なのである。

喫茶室

### ルーマニアのマクドナルドも

ファストフード店に行き店内で食事をする際に、カウンターでトレイを渡される。そこに敷かれている紙を正式に何というのかは知らないが、当該ファストフード店の広告になっている場合がほとんどである。さて、二〇〇五年の夏にルーマニアを旅した際、各地で日本でもおなじみのファストフード店の数々に出会った。首都ブカレストのマクドナルドでトレイに敷かれていた紙には、次のようなことが書かれていた。

心と体をシェイプアップするために「七つのエクササイズ」

1.「微笑んでください」普段動かさない筋肉が動きます。笑えば笑うほどアイスクリームが食べられます。
2.「女性か男性（異性）を見てください」頭を左右に動かすと首がトレーニングされます。
3.「口笛を吹いてください」退屈にならないのに役立ちます。
4.「キスしてください」一分間のキスで四キロカロリー消費します。
5.「携帯電話でメールしてください」指を動かすことで簡単なエクササイズになります。
6.「音楽を聴いてください」適切な音楽を用いれば全身を動かすダンスになります。
7.「街に出かけてください」他の六つのエクササイズを含むことが出来ます。

いい感じに心と体を保つためにこれらを行ってください。マクドナルドが応援しています。マク

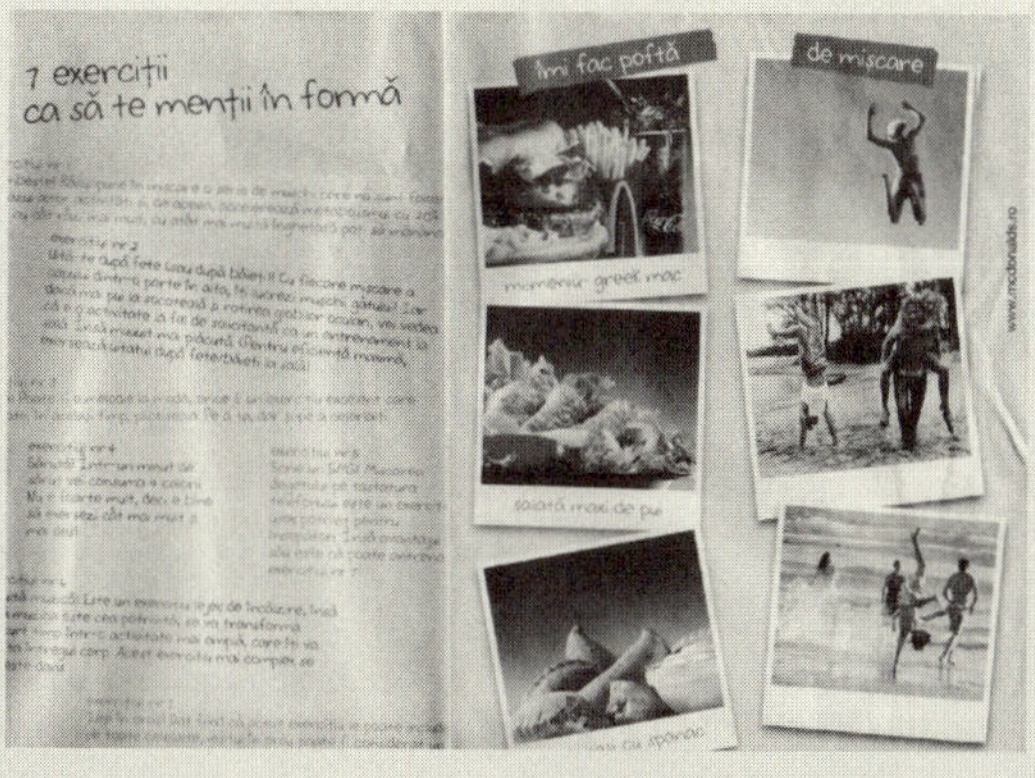


ドナルドに来ればこれらがすべて出来ます。

ファストフードはしばしば悪しき食としてやり玉に挙げられるが（もはやマクドナルドだけの食生活を三〇日間試したドキュメンタリー映画『スーパーサイズミー』を例に挙げるまでもないだろう）、このように「健康」や「ヘルシー」「シェイプアップ」「有機」「オーガニック」といった言説をちりばめて、イメージアップを図ろうとしている場面に出くわすことは珍しくない。

次章であつかう「食育」なるものも、あらゆる産業にとっていいビジネスチャンスになっている。あからさまな利益追求ということではなく、食育を通じて社会的に貢献することで企業イメージのアップを目論むということのようだ。子どもたちの食生活において、その悪役としてたびたび登場するのがファストフードである。しかし、ファストフードほど一生懸命に「子どもの健全育成」を願って食育を掲げている。マクドナルドも、当然食育に励んでいる。

# 第五章

# 「食育」のためのリスク

## 一　食育基本法の成立

「健康増進法」が二〇〇二年に成立したことについては、前章で述べた。この法律とも深く関連する、二〇〇五年六月に成立した「食育基本法」について、リスクの社会的広がりを示す一例として次に検討してみよう。

食べるという、あまりにもあたり前すぎる行為に関しても、国家によって「責務」を負わされるということ（後述）は、どのような条件下において可能となるのだろうか。そのことによって、私たちにはどのような影響が及びうるのであろうか。

リスクが消費と結びつき、リスク社会は高度消費社会と表裏一体である点については、すでに述べているが、この章でもこの点をさらに指摘せざるをえない。前章で述べたように、健康リスクに配慮した消費財の誕生は、〝消費者でもある国民〟に大いに注目した結果であった。換言すると、私たちの主観性や身体性に対する指示の氾濫は、消費者としての国民の発見に由来するものと考えられる。ものの見方、考え方、感じ方といった日常的知覚に対する、科学的エビデンスをともなう制度化が進行している。ここではまた、近年注目されている食育について考察することで、リスクと食べることについてさらに考えてみることにする。

どのような経緯でこの法律が成立したのか、というところから話を始めよう。その発端のひとつ（「発端」はほとんどの場合複数ある）は、「食を通じた子どもの健全育成（――いわゆる「食育」の視点から――）のあり方に関する検討会」なるものが厚生労働省において開催されたことにあるといえよう。第一回は二〇〇三年六月一九日である。この検討会のねらいは、以下だ（検討会配布資料より）。

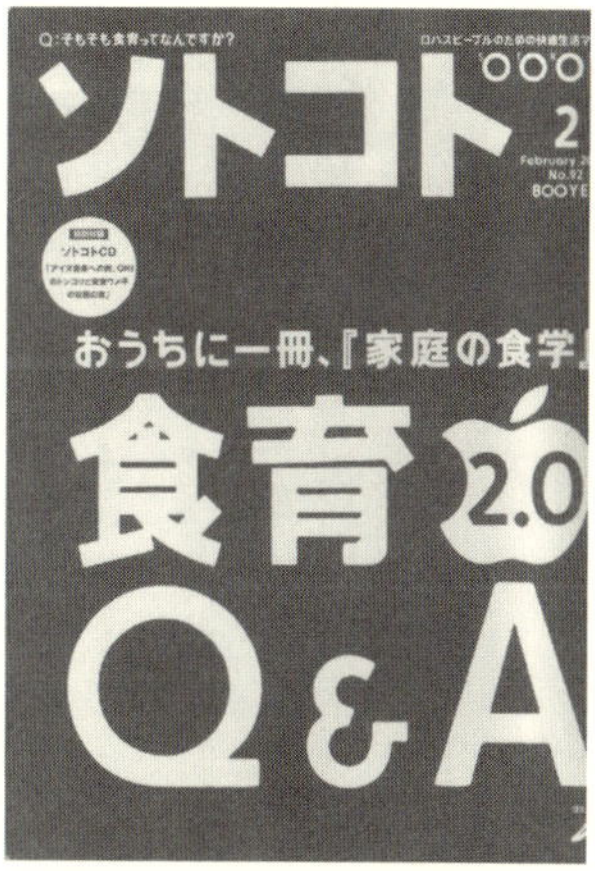


写真4　前出（56頁）雑誌『ソトコト』でも食育特集

社会全体で、子どもの食の重要性についての認識を高め、食に

関する取組を支援していくための、「食を通じた子どもの健全育成」のねらい（目標）の共有化

さて、健全育成を目ざすためには、現時点において「健全育成されていない」ことを大前提として確認しておく必要がある。この検討会においては、たとえば以下のような点について「問題点」が指摘された。

〈子どもの食をめぐる現状について、今回の検討を進めるにあたって、特に認識しておくべき課題として、どのようなものがあるか。〉

「小児期における肥満の増加」「思春期やせの発現」「自分の体型について」「朝食の状況」「家族揃って夕食をとる頻度」「おやつの与え方」「適切な食品選択や食事の準備のために必要な知識・技術」「健康づくりのための栄養や食事についての関心」「市販の離乳食の利用状況」「家庭での調理済みの食品・インスタント食品の使用状況」

これらに関する問題点が、「少子化による育児能力低下」言説と深く連携していることをここで指摘しておきたい。具体的には、この検討会の第一回冒頭で厚生労働省雇用均等・児童家庭局長によるあいさつとして、次のような発言があった（厚

生労働省ホームページ「第一回食を通じた子どもの健全育成のあり方に関する検討会議事録」http://www.mhlw.go.jp/shingi/2003/06/txt/s0619-1.txt)。

今日、比較的若い親の世代の状況を見ますと、食事をつくることについての意欲や喜びが感じられない、そして食についての知識や具体的に料理をする技術も知らないといったような方が出てきているようです。そういった家庭で育った子供というのは、その子供が大人になったときに、みずから食事をつくるということをやるはずがないわけでございます。

「若い親」と、自分よりも年少の親たちをひとまとめにして否定するというのは、きわめて日常的に繰り返されているといってよいだろう。「若い親の世代」に何らかの問題を見出し、後述する食育基本法成立の後に編纂される『食育白書』の中では「父母その他の保護者等」という言い方で同じような指摘が繰り返されている(内閣府『平成一九年版　食育白書』)。つまり、少子化によって育児能力が低下していると、最近の「若い親」を批判するのである。

では、これらの「若い親」とは、具体的には誰のことを指しているのだろうか。実質的には「母親」のことを指していると指摘せざるを得ない。なぜなら、例えば二〇〇七年八月の内閣府「男女共同参画社会に関する世論調査」によると、「結婚している者、結婚していないがパートナーと暮らしている者（二、三四〇人）に次のそれぞれの家事について主にだれが分担しているか聞いたところ、『妻』と答えた者の割合が、『掃除』で七十五・六％、『食事のしたく』で八十五・二％、『食後の後かたづけ、食器洗い』で七十四・七％となっている」。現在において、家庭の中で食べることにかかわる部分を一手に担っているのはやはり圧倒的に女性である事実を否定することはできない。したがって、「家庭内の食べること」を批判するということは、主として「女性」を批判していることにつながる。

さて、「若い親」とひとまとめに否定された人びとは、その人はその人なりに一生懸命に食事を作っているのかもしれない。しかし、この検討会では、「若い親」として抽象化された誰だかわからない人の「問題点」しか見えていない。「問題点」しか見ようとしていない。それは当然だ。「問題の多い現状」を改善し「健全育成」するための検討会なのである。リスクを語るとは、そういうことでもある。現在において未来のリスクを語る際には、現在とは未来のために配慮や反省が必要なものとして語られるしかない。「今日、比較的若い親の世代は、専門家が細かいところにまで育児や食事に口を挟む情報過多のこのようなご時勢にもかかわらず、健気に子育てに取り組んでいる」などと現状を肯定してしまったら、各界の専門家が、食育基本法成立を視野に入れたこのような検討会に馳せ参じた意味がなくなってしまう。このような場で専門家としての役割を果たすということは、結果としてリスクに配慮する主体（国民、あるいは母親）を作り出すことに寄与する。

先述したとおり、この「食を通じた子どもの健全育成（――いわゆる「食育」の視点から――）のあり方に関する検討会」の延長線上に、二〇〇五年に成立し施行された「食育基本法」が存在する。「若い親」バッシングはこのためであった、といっても過言でない。

食育基本法冒頭の「付則」には、次のようにある。「二十一世紀における我が国の発展のためには、子どもたちが健全な心と身体を培い、未来や国際社会に向かって羽ばたくことができるようにするとともに、すべての国民が心身の健康を確保し、生涯にわたって生き生きと暮らすことができるようにすることが大切である。」とある。これを受け、第十三条には、食に関する「国民の責務」が次のように明記されている。「国民は、家庭、学校、保育所、地域その他の社会のあらゆる分野において、基本理念にのっとり、生涯にわたり健全な食生活の実現に自ら努めるとともに、食育の推進に寄与するよう努めるものとする」。要するに、「我が国の発展のために」国民ひとりひとりの食事が見直されたのである。このようにリスクは、個人の能力と責任において引き受けられるべきものになっていく。このようにして、子供の「食」に関する教育に国や自治体が取り組むことを定めた「食育基本法」が成立した。この法律において「食育」とは、次のように規定されている。

食育に関する基本理念として、食育は、国民の心身の健康の増進と豊かな人間形成に資することを旨とするものとされ、単なる食生活の改善にとどまらず、食に関する感謝の念と理解を深めることや、伝統のある優れた食文化の継承、地域の特性を生かした食生活に配慮すること等が求められている（内閣府『平成一九年版　食育白書』二頁）。

このように、たんに食に関わることだけでなく「豊かな人間形成」までを見越したこの法律制定の前提にあるのは、家庭での食生活などの私的領域における「現在の否定」であり、未来のリスクへの対処である。「健全な食生活」とははたしてどのような食生活だろうか。こうして、人類すべてが営々と行ってきた「食べる」というあたりまえの日常について、責務を負わされた「国民」たちは、「豊かな人間形成」までを含めて、「理解を深め」「配慮すること」について何らかの形で啓蒙されねばならなくなった。

## 二　学力と関連づけられる「食育」

東京都教育委員会は、二〇〇五年一月一八日に「児童・生徒の学力向上を図るための調査」を行った。各教科のペーパーテストの結果を「意識調査」の結果と関連付けて報告している。「基本的な生活習慣が身についていることがうかがえる児童・生徒は、ペーパーテストの正答率が高い傾向にあった」という、あらかじめ期待された結果を出すための調査であったといっても過言ではないだろう。では、基本的な生活習慣とは何かというと、たとえば「学校に行く前に朝食をとるか」である。この調査に関する二〇〇五年六月一〇日の朝日新聞の報道によると、「朝食を必ず取る」と答えた生徒がどの教科でも正答率が高かったらしく、このことは「基本的な生活習慣が身についている児童・生徒は、ペーパーテストの正答率が高い傾向にある」という、都教育委員会による結論づけにつながっていく。つまり、成績の良し悪しを決定するかもしれない数々の変数の中から、ここでは「朝食を必ず取るかどうか」という変数がまず第一に恣意的に選択されている。「教育委員会」「調査」「正答率」「結果」という言葉は、素朴に湧く「なぜそのように説明されるのか」を封じるために有効である。もちろん、「食育基本法」の成立が、学力と生活習慣とが結びつけて語られるのは「なぜそのように説明されるのか」という疑問を封じ込めることに決定的に有効であることはいうまでもない。国民に課せられた責務とは、言われたとおり従順に「正しく理解し」「努める」ことであって、あくまでも「なぜか」を問うことではないのだ。

さて、「食べること」と「学力」とを恣意的に関連づけたこの「調査結果」は、既成事実となって独り歩きしていく。東京都教育委員会による「公立学校における食育に関する検討委員会報告書」が二〇〇六年七月二七日付で発表された。その目的については、以下のように表明されている。

東京都教育委員会は、小学校、中学校、高等学校、盲・ろう・養護学校における食育推進のあり方を検討するため、平成一八年三月、「公立学校における食育に関する検討委員会」を設置し、食育の目標と基本方針、学校における食育の指導体制、学校・家庭・地域の連携等について幅広く検討を行ってまいりました（東京都教育委員会 http://www.kyoiku.metro.tokyo.jp/press/pr060727s.htm）。

先述した朝日新聞の報道にあった調査結果は、以下のように「子どもへの食育の必要性」を訴えるための根拠となっている。

> 朝食の欠食は、栄養バランスや生活リズムが乱れるほか、集中力や学習能率が低下するとも言われている。東京都教育委員会の調査でも、朝食を「必ずとる」「たいていとる」と答えた児童・生徒は、「とらないことが多い」「とらない」と答えた児童・生徒より、全教科において平均正答率が高い結果となっている（同上）。

さらには、「食べること」が「学力」と結びつけられるだけでなく、以下のように「食べること」が「望ましい人間関係」や「人間形成」とも結びつけて語られていることにここで注目したい。

> 食育は、望ましい人間関係の形成や感謝の気持ちの醸成といった人間形成の営みにかかわるものである（同上）。

この類の調査は、各県で繰り返され、政策決定の重要な根拠として活用されている。その一例に、栄養教諭制度スタート目前の二〇〇五年二月五日にお茶の水女子大学で開催された「食育シンポジウム　新しい食育のあり方——栄養教諭の担う役割と期待」の基調講演がある。文部科学省スポーツ・青少年局学校健康教育課学校給食調査官の講演であったが、「朝食を毎日摂り、睡眠時間の多い子どものほうが基礎学力・運動能力が高い」という広島県教育委員会の調査結果を彼女は紹介した。

**栄養教諭制度**
二〇〇五年四月に、各学校における食育推進の要として、その指導体制における重要な役割を果たすことを目的として開始された制度。

また、熊本県教育委員会が二〇〇五年に出した「『食に関する実態調査』の結果報告」でも、同様の指摘がなされている（熊本県教育委員会 http://www.higo.ed.jp/kyouikuiinkai/kiji2/pub/default.phtml?p_id=105）。まず冒頭では、その「趣旨」が以下のように述べられている。

食と学力等との関係については、国立教育政策研究所教育課程研究センターが平成一七年四月二二日に発表した「平成一五年度小・中学校教育課程実施状況調査の結果」によると、「基本的な生活習慣が身に付いていることがうかがえる児童生徒については、ペーパーテストの得点が高い傾向」等との報告がなされている。

本県においても、児童生徒の実態を知り、それを踏まえたうえで、更なる食育の推進を図ることが重要であると考え、食生活、健康等について調査を行うこととする。

本調査では、「食に関する実態調査」の結果と「熊本県学力調査」の結果との相関について分析を行うことにより、食育の普及、啓発のための資料として活用するとともに、子どもたちの望ましい食習慣の形成を目指し、心身ともに健やかな児童生徒の育成に向けた取組の充実に資する（同上）。

ここで「食と学力等との関係」に関する根拠として言及されている、国立教育政策研究所の調査結果概要によると「基本的な生活習慣」に分類されている質問は、「朝食」「持ちものの確認」「塾との関係」に関する三点である（国立教育政策研究所ホームページ「平成一五年度　小・中学校教育課程実施状況調査」、http://www.nier.go.jp/kaihatsu/katei_h15/index.htm)。質問項目を具体的にみると「学校に行く前に朝食をとりますか」「学校に持っていくものを、前日か、その日に確かめますか」「塾で勉強したり、家庭教師の先生に教わったりしているものがあれば、その内容はどれに近いですか」となっている。食あるいは食育に直接かかわるのは「学校に行く前に朝食をとりますか」という質問で、これに対する回答は「必ずとる」「たいていとる」「とらないことが多い」「全く、または、ほとんどとらない」「無回答」の五つに区分されている。

　この結果を根拠にした熊本県教育委員会の調査は、「毎日朝食を食べますか」という質問に対する回答は「必ず食べる」「たまに食べないことがある」「一週間に一〜二日食べない」「一週間に三〜四日食べない」「ほとんど食べない」という選択肢となっている。「必ず食べる」と答えた小学生が八十・九%、中学生が七十五・八%を占めている。このようなかたよりの大きい調査結果を学力調査と単純にクロス集計している。また、朝食の内容についても「今朝はどんな朝食を食べてきましたか」とたずねており、選択肢は「一品（ごはん・パンのみ）」「二品（ごはん・パン＋おかず等一品）」「三品（ごはん・パン＋おかず等二品）以上」「飲み物・果物のみ」「その他」「何も食べていない」となっている。この結果も学力との関連づけを行っている。その結果については「学力との相関では、『何も食べていない』子どもの平均点が最も低く、『三品以上』食べてきた子どもの平均点が最も高くなっている」と言及されている。

しかし、「食べること」は、学力とだけ結び付けられるわけではなかった。一九八五年四月一一日付の朝日新聞によると、以下のように校内暴力との関連もすでに指摘されている。

校内、家庭内暴力、登校拒否は、加工食品や砂糖のとり過ぎにも関連があると、岡山大学医学部衛生学教室員、福山市立女子短大の鈴木雅子教授（四五）はこのほど、論文をまとめた。

鈴木教授は去年の夏、福山市街地の中学生六百四十三人を対象に、食生活、健康状態、生活習慣を調べた。食生活のバランスが悪い場合、風邪や腹痛、皮膚の湿しんのほか、ほとんどの子が「疲れやすい」「いらいらする」「腹が立つ」などと答えている。

精神的不健康状態と特定の食品の関連は、男子では砂糖の摂取量の多い子の四十六％、加工食品をとり過ぎている子の四十五％、朝食の量の少ない子の三十五％が「学校に行きたくない」「すぐに腹が立つ」と訴えている。女子では、それぞれ四十％、三十五％、三十五％だった。

鈴木教授は「教育の柱に、食育も加えるべきだと思うので、さらに食生活と精神的健康状態の関連を追究したい」という。

国民に責務として課された「食育」は、当初の目的が何であれさまざまな広がりを持って私たちの配慮の必要な現在を指摘することに寄与していく。そして食というのは、きわめて私的な領域について説明しようとするものでもある。さて、仮に法律を作らねばならないほどの問題点が「今日、比較的若い親」にあったとして、それはその「若い親」だけの責任に帰せられるものなのだろうか。

食とは、きわめて個人的なことではあるけれども、きわめて社会文化的かつ歴史的なことでもあり、制度的政治的背景とは切り離せないもののはずだ。

であるにもかかわらず、たとえば「これまでの農業政策に誤りはなかったのか」という問いの前に「若い親」の責任が問われるのはなぜだろうか。またたとえば、わざわざ自分で作るよりも「安く、おいしく、手軽な」食品が氾濫しているこの利便性を徹底的に消費の対象とし、ニーズを次つぎに創出させる状況を作り上げたのは誰か。それは消費者のニーズであったといわれるかもしれないが、しかしそのニーズはどのようにして作り上げられていったのか。決して純粋内発的にふつふつと沸き起こってきたニーズなどではない。時代状況にあわせて形成されたニーズであることについては前の章でもペットボトル飲料の例でふれた。

食素材の大量輸入、大量加工、大量消費、そして大量廃棄というシステムを作り上げていくことを先導する政策や思惑があったから、私たちの食をめぐる現在の状況が形成されたのではないか。個々の家庭の食卓は、これらシステムの内部にこそ存在するものであって、私たちのあらゆる生活局面においても、どのような制度的歴史的制約からも自由ではありえない。そのシステムの歪みは、たしかに個別状況において具現されるのかもしれないが、だからといって家庭や「若い親」にだけ責任を回収させても決して歪みは解消されない。

　制約のある中で食は育まれていく。差別と貧困の中で、それでも食べて命をつないでいった「抵抗的食文化」において育まれた食もある（上原善広（二〇〇五）『被差別の食卓』新潮新書）。そのような食事をしている人びとに責任を押し付けることはできない。

　つまりこれらの調査は、テストの成績と「生活態度」（調査主体は、なぜかいつも食生活と関連付けることを特に好む傾向にある）との相関を見たい一心で行われるものである。成績の良し悪しを決定する他の要因については意図的に排除されている。あるいは、意図的に排除していることに気づいていない。このような調査結果が、既成事実となって、「朝食をとる子の方が頭がいい」だの「朝食を食べさせてもらえないから頭が悪い」という言説となって一人歩きしていく可能性を否定することは困難ではないだろうか。

## 三　リスクによってさまざまなことを説明可能にする

食育基本法成立の布石となっていたのが、二〇〇二年に成立施行された「健康増進法」であった。その第二条でも「国民の責務」が明記されていた。「国民は、健康な生活習慣の重要性に対する関心と理解を深め、生涯にわたって、自らの健康状態を自覚するとともに、健康の増進に努めなければならない」。ここでもまた、未来の疾病リスクに配慮する主体は現在について配慮し、反省せねばならないロジックが通底している。

「すべての国民が心身の健康を確保する」（食育基本法）などということは、少し考えれば理解できることだが夢物語にすぎない。夢を語る分には無害かもしれないが、裏を返せば心身の不健康な国民を排除する機能を果たすものでもあり、すなわち国家が国民の心身の状態に関する情報を掌握し、管理することを推進する怖さがある。さまざまに計測される「能力」には厳然たる「差」が見いだされ、私たちの責務に回収される。程度と種類はさまざまでも、誰しもが何らかの「負」を抱えながら生きているのが現実だ。より正確にいうなら、「異質なるもの」を抱えて私たちは生きている。

心と食事とのつながり方を論じること自体がここでの目的ではない。しかし、そのつながり方はさまざまで、「国民」に共通して一様に正しいものがあるとはいえないはずだ。それぞれの「国民」や家庭の事情があるだろうし、それぞれの「国民」や家庭には、それぞれの営みやつながり方があるはずだ。

「朝ごはんを食べない」ということがいけないことであり、そのことがさまざまなリスクに連なっていると、専門家や国家が声高に言いつのるということはどういうことなのだろうか。本来公的な責任も含めて議論すべきさまざまな社会問題を、私的領域に閉じていき、個人の責任として課すことにこそ、食育は寄与している。校内暴力も学力の低下も母親の食事にかかっているといわんばかりである。そのことの真偽を厳密に議論することも重要であるが、社会学的課題としては「個々人の食べること」以外の問題追及の可能性が閉じられていくことこそが重要である。「ひとりひとりが」というスローガンとともに、個人が負うべき責任としてリスクが収斂されていく。リスク社会の特徴が、食育に関しても現れているのだ。

# 第六章 監視社会とリスク

## 一 監視・管理社会

ほとんどの人びとにとって、リスクを理由に監視されたり管理されたりすることが、自然なこととして生活の一部になってきている。「エネミー・オブ・アメリカ」(原題は Enemy of the State) という映画で近未来の姿として描かれている事象は、もはや現実になってきている。一九九八年アメリカのトニー・スコット監督作品で、主演はウィル・スミスが演じた映画である。ウィル・スミス扮する弁護士ディーンは、ある日たまたまランジェリーショップで古い友人と出くわす。その友人は暗殺の現場を録画したデータを入手したことにより、暗殺者集団から追われているところだった。ディーンの持つバッグの中にそのデータを滑り込ませる。そうしてディーンは、本人も気づかないままに暗殺事件の証拠を手にしてしまうことになる。その暗殺事件の首謀者は、NSA（国家安全保障局）の行政官レイノルズである。NSAは、激化するテロ防止策として提出された《通信システムの保安とプライバシー法案》を成立させようとして、それに異議を唱える議員を抹殺したのである。NSAは最新鋭のテクノロジーを駆使した暗殺隠蔽工作を開始し、証拠と共にディーンを抹殺しようとする。衛星がひとりの人間の姿を狙う。ひとつの番号で多種多様な個人情報が引き出される。監視カメラの映像からは解像技術によってさまざまな情報が読み取られる。主人公は、情報の漏れを遮断するためについには素っ裸になることを余儀なくされたりもする。

　この映画のような事態については、「安全や安心のためには必要なことである」と正当化される傾向が現実にはある。しかし、それがどのようなことであるのか、どのような可能性を含むものなのか、十分に理解されているとはいえないだろう。そしてこのような状況については、監視社会と称して近年議論されてきている。監視社会とリスク社会は表裏一体である。たとえば、カナダの社会学者ライアンは、その著『監視社会』の中で次のように警鐘を鳴らしている。「監視の『もう一つの顔』は、それが担う、社会的・経済的分割を強化する働き、選択を誘導し、欲望に方向を与え、いざとなれば束縛・管理するという働きに由来する」「その真の効果は、良かれ悪しかれ、その設計・プログラムの背後に控える体制の強化にある。この効果こそ、十分に探求されておらず、現時点ではほとんど理解されていないものなのだ」（一六一一七頁）と述べている。リスクとの関連でいうなら「監視とは、リスクという観点から人間集団を統御するための知識産出の集団なのである」（二〇頁）。また、彼の指摘で重要なのはリスク管理と「道徳」との関連性に言及している点だ。つまり、リスク管理することは適切な代替道徳だという思想を、監視システムが強化し続けているのである。リスクに配慮し、リスクを管理していくことは、道徳であるとさえ受け止められていく。このことを当然視する傾向は、ますます強化されてきているといってよいだろう。したがって、やはり社会学の役割として、なぜリスク管理（あるいはリスク言説）が道徳などというものと簡単に結びついていくのか、このことを解明することが重要になってくるはずだ。

## 二　私ではない誰かのための監視カメラ、私のための防犯カメラ

日常生活のリスクを排除するために、という名目でさまざまな管理や監視体制が大義名分を得てきていることにも注目せねばならない。ここでいうリスクとはセ

キュリティにかかわるものである。

九・一一同時テロ以降とくに、この傾向はだんだんと「正当性」を帯びてきている。自分たちの生活の安全・安心が確保されるためなら、何らかの監視や管理の強化を受け入れるというメンタリティは確実に醸成されてきているといわざるを得ないだろう。多少の不自由や居心地の悪さは、「セキュリティのため」という大義名分によって抗いがたく、無関心にさえならざるをえないものとなっていく。

安全・安心のためのテクノロジーの典型例として、「監視カメラ」が挙げられるだろう。これはほとんどの場合「防犯カメラ」と称されている。同じモノ（カメラ）ではあるものの、その呼び名が変わると当然のことながらイメージが違ってくる。たかが名前ではないか、そんなのどっちでもいいだろう、と思う人も多いだろう。しかし、言語表現は常に私たちの環境を秩序付けているのだ。私たちが、身の回りを、世の中を、社会をどのように眺めるのか、どのように考えるのかということを規定しているのだ。認識が先にあってそれに言葉をあてはめるのではなく、言語が私たちの認識に枠をはめるのである。したがって、それを「監視カメラ」とよぶのか「防犯カメラ」とよぶのか、ということは、それをどのようなものと考えるのかということとダイレクトに結びついていて、本来侮れない重要な問題のはずなのだ。

さて、監視カメラはもはや空気のような存在になって、私たちの日常生活にとけ込んでいる。何台のカメラに狙われていようと私たちは無関心でいられる。監視されること、管理されることに対する感覚が麻痺してきているといっても過言ではないだろう。この場合、安全のためには安心のためにはいたし方ないだろうと考える人もいるだろう。

「監視されている」のか、「防犯のため」なのか。いずれにせよ、カメラに写る者たちは平等に監視されていることに違いはない。はたして、家を出てから学校や職場に着くまでの間、私たちは何度も何台ものカメラに写りこんでいることになるのである。たとえば、最寄り駅の改札付近に何台の監視カメラがあるのか数えてみてほしい。あるいは、新幹線ホーム改札では何台の監視カメラがこちらを激写しているか数えてみよう。場合によっては、生身の監視人（台上に立つ警察官）が改札付近にいる。何気なく立ち寄ったコンビニエンスストアでもカメラの眼はこちらをうかがっている。職場にも学校にも、レストランにも、ありとあらゆる場所で私たちはモニターに映し出されている。

私たちの生活そのものが、さまざまなリスクを前提として成立している。言い換えると、リスクによって生活が支えられ、リスクによって私たちの行動や規範が説明されるようになってきている。たとえば、治安維持のため、というのが監視カメラ設置のもっとも効力ある説明になるだろうし、そもそも防犯カメラと称されているのはこのためだ。

ほとんどの人は、そのことによって「自分は守られている」「自分はリスクを回避できている」という感覚を醸成させているだろう。よもや、自分が何らかの容疑者扱いされている、あるいは犯人扱いされている、あるいはこの自分が監視されている、とは思わないのではないだろうか。そこら中に設置されている（もはや空気のような存在の）監視カメラが狙っているのは「私ではない誰か」であって、私ではない。私は守られている側なのであってカメラに狙われている側ではない、のだ。しかし監視カメラは、当然のことながら「私」と「私ではない誰か」を区別などしていない。私の想定している「私ではない誰か」は、私ではない誰かが考えている「私」なのである。誰しもにとって、私ではなく「私ではない誰か」を監視するシステムであって、私にとっては「防犯カメラ」なのである。そのように信じることも可能な装置なのである。

## 三　私の好み誰か教えて……集積されつながっていく私の情報

二十四時間キャッシュレスで、しかも自宅に居ながらにして欲しいものを手に入れるために、つまり簡便性や利便性のために私たちは自らの情報をやすやすと差し出すことをしている。その結果として、たとえば私の好みに関する情報は蓄積され、頼んでもいないのにパソコンを起動させた直後から、さっそく何かしらの商品やサーヴィスをおすすめされたりもする。自ら欲しているわけでもないのに「私の好み誰か教えて」「私の読みたい本誰か教えて」「私のお気に入りのレストラン誰か教えて」「私の記憶誰か教えて」「私の感情誰か教えて」といった事態が起こってきているのだ。ここでもまた、リスクを原動力とした欲望喚起装置がうまく作動している。

現在において配慮する自己が執拗に求められる事態、それがあまねく広がってきているのが現代である。そこで私たちは、「常に」何らの形であれ誰かしらからの求めに応じざるをえないことも多くなってきている。今までの生活習慣を変更せよという求めもそこに含まれていることについては前の章で検討した。考え方やライフスタイルを変えよ、というものも当然含まれている。蓄積されてきた経験や文化といったものの否定にもつながりうる。自分のことでありながら、現在の自分に、生身の自分に、本当の自分に自信が持てない、自分のことなんだけれどよく分からない、というよく分からないことさえ起きかねないのだ。

監視の内容には、当然「行動のモニタリング」というのも入ってくる。このようにいわれると、私はそのようなものはされていない、と断言する人もいるかもしれない。しかし、さまざまな消費過程において私たちの情報はコンピュータに収集されている。インターネット上での買い物はもちろん、何らかのサーヴィスを受けたりショッピングすることでたまっていくポイント（・カード）も同様である。レンタルビデオ屋の会員になってＤＶＤやＣＤを借りる際にも、スーパーやコンビニで買い物をする際にも。定期はクレジットカードにもなり、携帯電話ともつながりお財布代わりにもなる。便利といえば便利である。その便利さのついでに、どこにいつ滞在し、どこを何時に通過し、どこで何を買ったのか……さまざまな情報が蓄積されていくことになる。しかし私たちは何らかの情報を提供する時、何らかのメリットを理由としている。それは安心を得るということかもしれないし、ポイントを貯めて何らかのサービスを受けるということかもしれないし、インターネットを使用することでさまざまな機会に情報を提供している。

いったん蓄積されたデータはいかようにも加工・使用できる。私の忘れた私が、私の知らないどこかで、私の知らない誰かの手中で確固として残っていくのだ。

たしかに、私たちはDVDをレンタルする際にも、自らすすんでもろもろの情報を提示している。それはあくまでも借りるという行為であるから、何らかの情報を担保にして契約履行する必要があるともいえる。しかし、あまり必要性が認められない場合にも自らすすんで情報を提供していることはないだろうか。たとえば、ある商品をあるショップで買ったとする。ポイントをためれば何らかの恩恵が受けられる。ここまではよくある話である。しかし、そのポイントの貯め方が問題である。携帯電話のメールアドレスを登録することにより、「携帯電話の中」にポイントを貯めていくというのだ。さまざまな場面で電話番号や住所、メールアドレス、クレジットカード番号を記入してはいないだろうか。

私の経験でいうと、あるお店で衣類を買った時に携帯電話にポイントをためるということをつい承諾してしまったことがあった。何ポイントかたまったらいくらか割引になる、という例のやつである。その店員さんは非常に感じのいい人で、決して強制されたわけではない。にこにことてきぱきと私の情報を収集していった。私はポイントほしさに自ら進んで私の情報を提供したのだ。私の携帯電話のアドレスは、それまで一部の限られた人間数人ていどしか知らなかった。しかし、そのお店でポイントを登録した直後から、迷惑メールが頻繁に送信されてくるようになった。私の情報が漏れたのである。

大学生のもつ学生証も情報を提供するメディアとなってきている。出席か欠席か遅刻かを講義のたびに何らかのレコーダーに入力し学生管理している大学は増えてきている。そこで集められたデータは集計の上、保護者に送られたり、もろもろの「指導」の際に活用される。これは学生を管理するシステムであると同時に、教員を管理するシステムでもある。毎回きちんと出席を取っているのか、その情報を活用しているのかなど。少し前の大学ではとても想像できないような状況が、あたりまえになってきているのだ。私たちは、情報を提供し、管理され、利便性を供与されることに飼いならされている。この流れを押しとどめたり、流れに逆らったりすることはとても難しい。しかし、「このことについて考える」ということはいつでもどこでも誰でも可能だ。人びとが「考えることをやめてしまう」ところにこそ、監視・管理社会の到達点がある。

濃密な監視の網の目はいたるところで、自ら進んで提供される情報をキャッチしているのだ。そうして情報は蓄積され、ソートされ、分割され、たとえば私たちのささいなショッピング行動の蓄積は、膨大な情報となり、それ自体で価値のあるものになっていく。

二〇〇二年八月から稼働している住民基本台帳ネットワークシステム上で、国民を一意に特定可能なものとするためにふられた番号である住民票コードや社会保障番号などといった、個人を識別するひとつの象徴的通票が、次つぎに他の「しるし」と結びついていく。これらの情報は、ただ本人によって参照されているのではなく、蓄積された後、相互に関連づけられ、利用可能なものとしてひとり歩きしていき、誰の手に渡ってどのように利用されるのか、もはや本人の知る由もなくなってしまう。私の分身が私の知らないところで私の知らない人に身ぐるみはがされているようなものだ。

以上のような状況は私たちの生活をおびやかすリスクに備えると説明されることでもあるし、情報をかき集められた私たちの日常はリスクにさらされているということでもある。一方的に集められた私の情報は、いったん集められれば見知らぬ誰かによっていかようにも活用し加工することができる。

共通するテクノロジーに基づいたシステムが拡大することによって、監視がひとつの容器から別の容器へと次つぎに浸透していくことになるのだ。このことは、ある目的のもとに設置された容器が、他の目的達成のためにやすやすと使用されることの可能性を意味している。つまり、いったんひとつの容器の存在、あるいは使用を認めたなら、その後に必然的に起こる用途の増幅には歯止めがかからないのである。監視テクノロジーや情報処理技術の発達が、このような動きを促進し支えている。何者かが（あるいは国家が）、すべての者を管理コントロールするなどといった明確な意図を持って用途を拡大していくのではなく、テクノロジーの進歩自体が必然的な流れを決定するのだ。「できなかったことができるようになる」ことのほとんどは、その内実が深く問われることもないままに、社会において積極的な意味づけがなされる。科学や技術の進歩は、どのようなものであれ、人類の進歩としてあるいは幸福へとつながるものとして容易に受け入れられる。したがって、「できるようになる必要性は実は無かった」あるいは「そのようなニーズはいったいどこにあったのか」といった議論を、その後展開させるようなことは非常に難しい。

## 四　リスク社会と自己責任

リスク社会においては、常に自己責任と深い関連があるものとしてリスクが語られる。リスクを回避するのはひとりひとりの責任である、という言説はしかし、現実にあるさまざまな格差を度外視している場合が多々ある。またこのことは、より大きな組織の責任やリスク回避のコストを見えにくくする。いかなる理由においても個人は個人バラバラな存在としてこの社会に存在しうるものではないのだから、個人を超えた何らかの存在の責任がゼロになることはほとんどありえない。つまり、リスクに備えるためには何らかのリテラシーや財力や機会が必要な場合が多く、それらは万人にあらかじめ平等に配分されているわけではない。

安全・安心を得るということと異質なモノ（者・物）の排除というのは表裏一体である。異質なものを排除することによって、自己責任をまっとうするという考え方もありうる。この典型的な事例として、たとえばゲーティッドマンションというものが日本社会にも次つぎに誕生してきている。アメリカにはすでに在るこのタイプの住居は、ぐるりと周囲が剣先フェンス等で囲われている、と説明したらもっとも理解しやすいのではないだろうか。それではまるで監獄のようであるが、フェンス外部の異質なモノから内部の安全と安心を守るということになる。もちろん監視カメラは必須だし、センサーが張り巡らされてもいる。通常の住居に比べ、人的にも経済的にもコストがかかるのは必至で、誰でもが住めるというわけではない。住人は結果として、経済力によっても価値観によっても生活習慣によっても選別されることになる。もっぱらの関心は当然、内部である自らの安全や安心であって、したがって外部環境から隔離されることにより、その外部環境に対する関心が薄らぐ可能性は否定できない。外部がいかに暮らしにくかろうが、内部には関係ない。まさに、地域コミュニティの寸断状況を意味している。さまざまな格差は当然視され、その解消に関心が向けられることはないのだ。

## 五　パノプティコンから超パノプティコンへ

フーコーの『監獄の誕生』は監視・管理の統治形態を示していた。見る／見られるという関係性における権力の存在を指摘したのである。ここでフーコーは、互いの収容者は互いにみることができないが、看守によってすべて見渡すことのできる一望監視システム「パノプティコン」を一般化可能な作用モデルとして議論している。囚人に「絶えず見られているかもしれない」という意識を内在化することによって、モニタリングの徹底した形であるセルフ・モニタリングを完遂するのである。リスクに備えて自発的に自らを監視する主体を生産するというわけだ。このシステムは、もろもろの人間の行動へ介入する能力や効力をもつことになる。その行使は決して暴力的なものではなく。穏やかで利益をもたらすものとして私たちの眼前に現れるのだ。自ら従順に従うことに何ら疑いがさしはさまれることはない。

アメリカの歴史学者であるポスターは『情報様式論』において、フーコーのパノプティコンについて次のように批判を加えている。「二〇世紀後半にあっては、監視の技術的条件はかなり進んでいる。だが、フーコーはそれについて注意を払わなかった。国民全体はずいぶん前から番号をふられており、規範に関する訓練は第二の自然にまでなってきている。」(二〇二―二〇四頁)。では、その「自然」とはいったいどのようなもののことを指しているのだろうか。彼はこれを超パノプティコンと称して説明しようとしている。現在の「コミュニケーションの回路」やそれが作り出すデータベースは、「壁や窓や塔や看守のいない監視のシステム」である「超パノプティコン」を構成していると述べる。監視のテクノロジーの量的変化は質的変化をもたらした。その変化とは、「民衆は監視へと訓練され、このプロセスを分有するようになった。社会保障カード、運転免許証、クレジット・カード、図書館カードのようなものを、個人は利用し、つねに用意し、使い続けなくてはならない。これらの取り引きは記録され、データベースにコード化され加えられる。諸個人が自分で書類に、場合によっては喜々として自らの情報を惜しげもなく与えていくのである。管理される対象となるために、あるいは自らを自らによって監視するために。

フランスの哲学者ドゥルーズもまた、パノプティコンから超パノプティコンあるいはポスト・パノプティコンといった言葉で表現される、フーコーの論じた規律社会から管理社会への新たな移行を論じている。

このような状況を、情報化がもたらすリスクとして議論する山口は、自らに関する情報の「自己コントロール権」に危機をもたらすものとして、その問題点を以下の五点にまとめている。ひとつめが、正しくない情報や古くなった情報が使われることによって、不当な取り扱いを受けたり損害を被ったりする「不公正の問題」である。二つめが、「どのような情報がどのような手段を用いてどこから集められたかが本人には明かされず、また本人の同意や相談もなく、情報が販・転売されて共有され、またそれらが集められたときとは異なる目的のために利用されたりする」（九七頁）といったような「情報管理兼欠如」の問題である。三点めが、「自分の知らないところで自分についてのプロフィールが作成されること、あるいは個人情報の収集が他人の秘密に押し入るようなやり方でおこなわれたり、スティグマ化するような形で自己現認をせまられたりする」（九八頁）といった「尊厳喪失の問題」である。四点めが、「自分についてどのような情報が収集されているのか、またそうした情報を用いて何が行われているのかを知るために、あるいはまた誤ったデータを修正させるためには、大変な労力を必要とするという」「迷惑・不自由の問題」だ。最後に、買い物などの私的な行為が公的な記録の一部となってしまうという意味での、「公私の区別消失」の問題である（山口　二〇〇七）。

いずれにしても、安心や安全、利便性、できなかったことができるようになるなどといった、あらためて反省的に考えることもせず「ベネフィット」を享受する状況下に次つぎに組み込まれていく私たちにとっては、なかなか気づき得ない問題点の数かずである。しかし、考えることをせず自発的に従順な主体となることこそが、リスクを原動力とした監視社会の徹底形であることを忘れてはならない。

# おわりに

どのようなテーマでも同じことだが、リスクについて語ろうとする時もまた、明瞭にしようとすればするほど不明瞭な領域に足を踏み入れる結果となる。明らかでないものを明らかにしようとする不断の試み——そういうとカッコいいけれども、片づけなければならないけれどもちっとも片づかない目前の問題の山積に、気持ちが折れそうになることもしばしばである。議論のとっかかりを見つけたとたんに、他の議論とどんどんつながっていく。一回のってしまった社会学というジェットコースターからはなかなか降りられない。でもそのジェットコースターの原動力になっているのは、のっている自分の好奇心に他ならない。そして、「えっ?」「ウソだ」「嫌だ」「なんか変だ」といったような気づきに気づくことにすべては始まっている。

このブックレットを手にしてパラパラとめくり、その上さらに読んでくれた人には、自分の問題として、あるいは新しき社会学者として、本書をきっかけにリスクの問題に、あるいは他の諸問題に、自分の頭とカラダと言葉を使って取り組んでいただけるかもしれない。レポートや卒業論文を書こうとしてうまい結論がなかなか見つからなくても、さんざん考えた挙句の果てに答えが出ないのも答えなんだと開き直ってもいいと私は思う。社会学を道具にとことん考えた経験さえあれば、いつかどこかで「マジで?」という理不尽な現実にぶつかった時、「これを宿命として受け入れよ」という酷な人生が待ち受けていた時、もう一度ジェットコースターにのれる。

本書の多くの部分は、講義やゼミの準備をする過程において、また学生諸君との華麗なる（時にもたもたした）パス回しの過程において誕生した。東京国際大学人間社会学部に勤務して以来、「環境社会学」「消費社会論」「都市社会学」の講義と一年生から四年生までのゼミを担当していることが本書にとっては決定的に重要である。終電の時間も忘れて社会学理論をネタに議論する「読書会」メンバーにもたいへん刺激を受けていることも感謝したい。

二〇一〇年二月

柄本　三代子

## 〈参考文献〉

Beck, Ulrich（1986）*Risikogesellschaft*, Suhrkamp Verlag.（＝一九九八、東廉・伊藤美登里訳『危険社会』法政大学出版）

Deleuze, Gilles（1990）*Pourparlers*, Les Edition de Minuit.（＝一九九二、宮林寛訳『記号と事件——一九七二—一九九〇年の対話』河出書房新社）

Douglas, Mary（1966）*Purity and Danger: An Analysis of Concepts of Pollution and Taboo*, Routledge.（＝二〇〇九、塚本利明訳『汚穢と禁忌』ちくま学芸文庫）

Douglas, Mary and Wildavsky, Aaron（1982）*Risk and Culture: An Essay on the Selection of Technological and Environmental Dangers*, University of California Press.

Douglas, Mary（1985）*Risk Acceptability According to the Social Sciences*, Russell Sage Foundation.

江守正多（二〇〇八）『地球温暖化の予測は「正しい」か？——不確かな未来に科学が挑む』ＤＯＪＩＮ選書

柄本三代子（二〇〇二）『健康の語られ方』青弓社

柄本三代子（二〇〇四）「機能性食品ターミノロジーによるリスク生産」『科学技術社会論研究（3号）』

柄本三代子（二〇〇六）「テレビにおける報道の実態」『新型インフルエンザに対するリスクコミュニケーションの在り方についての実践的研究』厚生労働科学特別研究事業研究報告書

柄本三代子（二〇〇七）「『的確な誤読』への依存——テレビ・コマーシャルに見る健康の

科学」山田奨治編『文化としてのテレビ・コマーシャル』世界思想社

柄本三代子（二〇〇八）「リスクと食べることをめぐる責務」『東京国際大学論叢』

江下雅之（二〇〇四）『監視カメラ社会――もうプライバシーは存在しない』講談社

Foucault, Michel (1975) *Surveiller et Punir*, Gallimard.（＝一九七七、田村俶訳『監獄の誕生――監視と処罰』新潮社）

Gardner, Dan (2008) *Risk: The Science and Politics of Fear*, Virgin Books.（＝二〇〇九、田淵健太訳『リスクにあなたは騙される――「恐怖」を操る論理』早川書房）

Giddens, Anthony (1990) *The Consequences of Modernity*, Polity Press.（＝一九九三、松尾精文・小幡正敏訳『近代とはいかなる時代か？――モダニティの帰結』而立書房）

Giddens, Anthony (1999) *Runaway World: How Globalization is Reshaping Our Lives*, Profile Books, Ltd.（＝二〇〇一、佐和隆光訳『暴走する社会――グローバリゼーションは何をどう変えるのか』ダイヤモンド社）

ハンセン・A・（二〇〇二）「メディア・公衆・環境問題」地球環境戦略研究機関編『環境メディア論』中央法規出版

Luhmann, Niklas (1973) *Vertrauen: Ein Mechanismus der Reduktion sozialer Komplexitat*, Ferdinand Enke Verlag（＝一九九〇、大庭健・正村俊之訳『信頼――社会的な複雑性の縮減メカニズム』勁草書房）

Luhmann, Niklas (1991) *Soziologie Des Risikos*, Walter De Gruyter Inc.

Lyon, David (2001) *Surveillance Society: Monitoring Everyday Life*, Open University Press.（＝二〇〇二、河村一郎訳『監視社会』青土社）

Lyon, David (2003) *Surveillance after September 11*, Blackwell Publishing Ltd.（＝二〇〇四、田島泰彦監訳『9・11以後の監視――〈監視社会〉と〈自由〉』明石書店）

三浦展（二〇〇五）『下流社会』光文社新書

日本リスク研究学会編（二〇〇六）『増補改訂版　リスク学事典』阪急コミュニケーションズ

Poster, Mark (1990) *The Mode of Information: Poststructuralism and Social Context*, Polity Press.（＝二〇〇一、室井尚・吉岡洋訳『情報様式論』岩波書店）

READ研究会（二〇〇八）『現代社会におけるリスク・不安意識と情報リソースとの関係――グループ・インタビューの調査結果から』二〇〇七年度READ研究会活動報告

斎藤貴男（二〇〇四）『安心のファシズム――支配されたがる人びと』岩波書店

左巻健男・平山明彦・九里徳泰編著（二〇〇五）『地球環境の教科書10講』東京書籍

食品安全委員会（二〇〇六）『食品の安全性に関する用語集（改訂版追補）』
http://www.fsc.go.jp/yougoshu_fsc.pdf.

Tulloch, John and Lupton, Deborah (2003) *Risk and Everyday Life*, Sage.

山口節郎（二〇〇七）「情報化とリスク」今田高俊編『リスク学入門4　社会生活からみたリスク』岩波書店

米村昌平（一九九四）『地球環境問題とは何か』岩波新書

# 早稲田社会学ブックレット出版企画について

社会主義思想を背景に社会再組織化を目指す学問の場として一九〇三年に結成された早稲田社会学会は、戦時統制下で衰退を余儀なくされる。戦後日本の復興期に新たに自由な気風のもとで「早大社会学会」が設立され、戦後日本社会学の発展に貢献すべく希望をもってその活動を開始した。爾来、同学会は、戦後の急激な社会変動を経験するなかで、地道な実証研究、社会学理論研究の両面において、早稲田大学をはじめ多くの大学で活躍する社会学者を多数輩出してきた。一九九〇年に、門戸を広げるべく、改めて「早稲田社会学会」という名称のもとに再組織されるが、その歴史は戦後に限定しても悠に半世紀を超える。

新世紀に入りほぼ十年を迎えようとする今日、社会の液状化、個人化、グローバリゼーションなど、社会の存立条件や社会学それ自体の枠組みについての根底からの問い直しを迫る事態が生じている一方、地道なデータ収集と分析に基づきつつ豊かな社会学的想像力を必要とする理論化作業、社会問題へのより実践的なかかわりへの要請も強まっている。早稲田社会学ブックレットは、意欲的な取り組みを続ける早稲田社会学会の会員が中心となり、以上のような今日の社会学の現状と背景を見据え、「社会学のポテンシャル」「現代社会学のトピックス」「社会調査のリテラシー」の三つを柱として、今日の社会学についての斬新な観点を提示しつつ、社会学的なものの見方と研究方法、今後の課題などについて実践的な視点からわかりやすく解説することを目指すシリーズとして企画された。多くの大学生、行政、一般の人びとに広く読んでいただけるものとなることを念じている。

二〇〇八年二月一〇日

早稲田社会学ブックレット編集委員会

---


**柄本三代子**（えのもとみよこ）
宮崎県日向市生まれ。
現職：東京国際大学人間社会学部専任講師
早稲田大学大学院文学研究科社会学専攻博士後期課程単位取得退学
専攻：身体の社会学、リスク論、メディア論


**主な著書**
『健康の語られ方』青弓社、二〇〇二。『健康ブームを読み解く』（共著）青弓社、二〇〇三。『文化としてのテレビ・コマーシャル』（共著）世界思想社、二〇〇七。